FAST FOOD AT HOME

CURRYWURST, BURGER & CO. MIT LIEBE SELBST GEMACHT

FAST FOOD AT HOME

REZEPTE: PIA WESTERMANN
FOTOS: THORSTEN SUEDFELS

DIE GU-QUALITÄTS-GARANTIE

Wir möchten Ihnen mit den Informationen und Anregungen in diesem Buch das Leben erleichtern und Sie inspirieren, Neues auszuprobieren. Bei jedem unserer Bücher achten wir auf Aktualität und stellen höchste Ansprüche an Inhalt, Optik und Ausstattung. Alle Rezepte und Informationen werden von unseren Autoren gewissenhaft erstellt und von unseren Redakteuren sorgfältig ausgewählt und mehrfach geprüft. Deshalb bieten wir Ihnen eine 100%ige Qualitätsgarantie.

Darauf können Sie sich verlassen:
Wir legen Wert darauf, dass unsere Kochbücher zuverlässig und inspirierend zugleich sind.
Wir garantieren:

- dreifach getestete Rezepte
- sicheres Gelingen durch Schritt-für-Schritt-Anleitungen und viele nützliche Tipps
- eine authentische Rezept-Fotografie

Wir möchten für Sie immer besser werden:
Sollten wir mit diesem Buch Ihre Erwartungen nicht erfüllen, lassen Sie es uns bitte wissen! Nehmen Sie einfach Kontakt zu unserem Leserservice auf. Sie erhalten von uns kostenlos einen Ratgeber zum gleichen oder ähnlichen Thema. Die Kontaktdaten unseres Leserservice finden Sie am Ende dieses Buches.

GRÄFE UND UNZER VERLAG
Der erste Ratgeberverlag – seit 1722.

KV

INHALT

BLEIB'-ZUHAUSE-FASTFOOD

▼

Das Tolle an Fastfood ist, dass es so einfach ist. Man hat keine Zeit – und doch was Warmes im Bauch. Man hat's eilig und macht trotzdem Pause. Das funktioniert übrigens auch daheim, und zwar viel, viel besser! Weil man gute Produkte hat. Weil man sie frisch kauft. Weil man weiß, woher das Fleisch für den Burger stammt. Das wahre Geheimnis von Fastfood at Home ist aber: Es schenkt uns Zeit. Selbst wenn wir nicht mal eben an etwas Essbares kommen wie auf der Straße und dafür so allerlei vorbereiten müssen, wirkt das entspannend: Beim Gemüseschnipseln und Musikhören kann man wunderbar chillen. Der Pizzateig geht von allein. Und der Braten? Den gart der Ofen. Wir aber, wir atmen in der Zwischenzeit mal durch. Und nehmen uns Zeit. Einfach so. Auf die Schnelle.

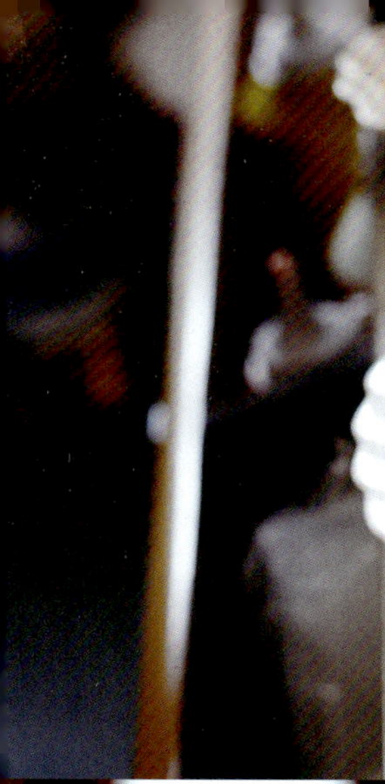

PAUSENKICK – SICH MAL EBEN AUSKLINKEN. IRGENDWO HINSETZEN. EINE VIERTELSTUNDE. JETZT WAS WARMES AUF DIE HAND. ETWAS, DAS SATT MACHT, ABER NICHT MÜDE. DAS WÄR'S! UND, HEY: DIE BURGER HIER SIND JA SELBST GEMACHT! DIE HOTDOGS AUCH. KÖNNTE MAN DOCH GLATT MAL ZU HAUSE VERSUCHEN – UND DORT SOGAR AUF DEM SOFA GENIESSEN!

OFENFRISCHE
BURGER BUNS

SO GEHEN BURGER HEUTE: MIT SELBST GEMACHTEN BUNS. WEIL DAS DRUMHERUM GENAUSO ZÄHLT WIE DIE INNEREN WERTE. WEIL SO EIN BURGER AUF DEN ERSTEN BISS ÜBERZEUGT: GUT GEBAUT, PERFEKT GEFORMT – EIN YUMMY-TEIL!

▼

FÜR 8 STÜCK

500 g Mehl (Type 550)
1 TL Salz
2 EL Zucker
¼ l Milch
¼ Würfel Hefe (ca. 10 g)
2 Eier (Größe M)
3 EL weiche Butter
1 EL helle Sesamsamen

AUSSERDEM
Backpapier
Mehl zum Arbeiten

ZUBEREITUNGSZEIT: 30 MIN.
RUHEZEIT: 2 ½ STD.
BACKZEIT: 15 MIN.
PRO STÜCK: CA. 300 KCAL

1 Das Mehl mit Salz und 1 EL Zucker in einer Schüssel mischen, in die Mitte eine Mulde drücken. Die Milch lauwarm erhitzen und den übrigen Zucker unterrühren, Hefe in die Milch bröckeln und darin auflösen. Hefemilch in die Mulde gießen und abgedeckt an einem warmen Ort ca. 15 Min. gehen lassen, bis sich kleine Blasen gebildet haben.

2 Dann 1 Ei trennen und das Eiweiß beiseitestellen. Das Eigelb, das ganze Ei und die Butter zum Vorteig in die Schüssel geben. Alles mit den Knethaken des elektrischen Handrührgeräts zu einem glatten Teig verkneten. Abgedeckt an einem warmen Ort 1 ½ Std. gehen lassen.

3 Anschließend ein Backblech mit Backpapier auslegen. Den Hefeteig nochmals kräftig durchkneten und in acht gleich große Stücke teilen. Diese auf einer mit Mehl bestäubten Arbeitsfläche zu Kugeln formen und mit ausreichend Abstand auf das Blech setzen. Die Teigkugeln mit wenig Mehl bestäuben und zugedeckt weitere 45 Min. gehen lassen.

4 Knapp 15 Min. vor Ende der Gehzeit den Backofen auf 200° vorheizen. Das Eiweiß mit 1 EL Wasser verquirlen und die Teigkugeln damit bestreichen, Sesam daraufstreuen. Burger Buns im heißen Ofen (2. Schiene von unten) in ca. 15 Min. goldbraun backen, dann auf einem Kuchengitter auskühlen lassen.

SAFTIGE HAMBURGER

APROPOS INNERE WERTE: KLAR BRAUCHT MAN DAFÜR 1-A-FLEISCH. DIE PATTYS SOLLEN JA KNUSPRIG SEIN. UND SAFTIG. UND SUPER SCHMECKEN. DA HILFT NUR EINES: AUF OMA HÖREN! WIE SAGTE DIE? »VON NICHTS KOMMT NICHTS!«

▼

FÜR 4 PERSONEN

FÜR DIE PATTYS

500 g bestes Rinderhackfleisch
Salz | Pfeffer
2 EL neutrales Pflanzenöl

AUSSERDEM

½ Gemüsezwiebel
1 Fleischtomate
1 Römersalat-Herz
4 Essiggurken
2 EL mittelscharfer Senf
2 EL Mayonnaise (fertig gekauft oder selbst gemacht, S. 44)
4 Burgerbrötchen (fertig gekauft oder selbst gemacht, S. 10)
4 EL Tomatenketchup (fertig gekauft oder selbst gemacht, S. 45)

ZUBEREITUNGSZEIT: 35 MIN.
PRO PORTION: CA. 620 KCAL

1 Für die Pattys das Rinderhackfleisch mit Salz und Pfeffer würzen und gut durchmischen. Dann die Hackmasse mit leicht angefeuchteten Händen zu vier flachen Fleischküchlein formen. Diese sollten ein bisschen größer als die Burgerbrötchen sein. Kalt stellen.

2 Den Backofengrill vorheizen. Die Zwiebel schälen und in dünne Ringe hobeln. Die Tomate waschen und in dünne Scheiben schneiden, dabei den Stielansatz entfernen. Die Salatblätter ablösen, waschen, trocken schütteln und in feine Streifen schneiden. Die Gurken fein würfeln und mit Senf und Mayonnaise verrühren.

3 Das Öl in einer großen beschichteten Pfanne erhitzen. Die Hackfleisch-Pattys darin bei mittlerer Hitze von beiden Seiten je 2–3 Min. braten, bis sie innen gar und außen schön knusprig sind.

4 Inzwischen die Burgerbrötchen aufschneiden und mit den Schnittflächen nach unten auf einen Backofenrost geben. Unter dem Ofengrill (Mitte) 1 Min. toasten.

5 Die Schnittflächen der unteren Brötchenhälften mit der Senfcreme bestreichen, mit jeweils 1 Hackfleisch-Patty und den Tomatenscheiben, den Zwiebelringen und den Salatblättern belegen. Obere Brötchenhälften mit dem Ketchup bestreichen, ebenfalls darauflegen und ganz leicht andrücken. Die Burger sofort servieren.

WÜRZIGE

CHEESEBURGER

DAS GEHEIMNIS HIER? DER WAHNSINNS-SCHMELZ. KOMMT VOM BERGKÄSE. UND DEN KARAMELLISIERTEN ZWIEBELN. UND DAMIT DAS REINHAUEN NOCH MEHR SPASS MACHT, GIBT'S DAZU KROSSEN SALBEI – KÄSESPÄTZLE GOES CHEESEBURGER, SOZUSAGEN!

▼

FÜR 4 PERSONEN

FÜR DIE PATTYS

500 g bestes Rinderhackfleisch
Salz | Pfeffer | 2 EL Olivenöl

FÜR DIE ZWIEBELN

4 Zwiebeln | 1 EL Olivenöl
1 EL Zucker | 4 EL Weißwein
Salz | Pfeffer

AUSSERDEM

12 Salbeiblätter
150 g junger Bergkäse (in dünnen Scheiben)
2 EL Butter
4 EL grobkörniger Senf
4 EL Mayonnaise (fertig gekauft oder selbst gemacht, S. 44)
2 EL Crème fraîche
4 Burgerbrötchen (fertig gekauft oder selbst gemacht, S. 10)

ZUBEREITUNGSZEIT: 40 MIN.
PRO PORTION: CA. 910 KCAL

1 Für die Pattys das Rinderhackfleisch mit Salz und Pfeffer würzen und gut durchmischen. Dann die Hackmasse mit leicht angefeuchteten Händen zu vier flachen Fleischküchlein formen. Diese sollten ein bisschen größer als die Burgerbrötchen sein. Kalt stellen.

2 Die Zwiebeln schälen und in ca. ½ cm dicke Ringe hobeln. Das Öl in einer großen beschichteten Pfanne erhitzen und darin die Zwiebelringe bei mittlerer Hitze 5–10 Min. braten. Zucker untermischen und karamellisieren. Mit Wein ablöschen und diesen beinahe ganz einkochen. Die Zwiebeln mit Salz und Pfeffer würzen, in eine Schüssel geben und ein wenig abkühlen lassen. Die Pfanne sauber auswischen.

3 Den Backofengrill vorheizen. Die Salbeiblätter abbrausen und trocken tupfen. Für die Pattys das Öl in der Pfanne erhitzen. Fleischküchlein darin bei mittlerer Hitze 2–3 Min. braten, bis sie auf der unteren Seite schön knusprig sind. Wenden und die Käsescheiben darauf verteilen, die Pfanne abdecken. Die Pattys noch weitere 3 Min. braten, bis sie innen gar sind und auch die andere Seite knusprig ist. Dabei ca. 1 Min. vor Garzeitende die Butter in der Pfanne zerlassen und den Salbei darin knusprig braten.

4 Inzwischen den Senf mit Mayonnaise und Crème fraîche verrühren. Burgerbrötchen aufschneiden und mit den Schnittflächen nach unten auf einen Backofenrost geben. Unter dem Ofengrill (Mitte) 1 Min. toasten.

5 Die Schnittflächen der unteren Brötchenhälften mit der Senfcreme bestreichen und jeweils ein Hackfleisch-Patty daraufgeben. Mit Zwiebeln und Salbeiblättern belegen, die oberen Brötchenhälften daraufsetzen und ganz leicht andrücken. Die Burger sofort servieren.

SWEET CHILISAUCE

▼

FÜR CA. 350 ML
HALTBARKEIT: CA. 1 MONAT (GEÖFFNET)

3 rote Chilischoten
4 Knoblauchzehen
1 Stück Ingwer (ca. 20 g)
150 g Rohrohrzucker
60 ml Reisessig
2 TL Speisestärke
Salz

ZUBEREITUNGSZEIT: 15 MIN.
KOCHZEIT: 20 MIN.
PRO 100 ML: CA. 160 KCAL

1 Chilischoten putzen, waschen und samt der Kerne nur grob zerkleinern. Den Knoblauch und den Ingwer schälen und nur ganz grob hacken. Alles in einen elektrischen Blitzhacker geben und fein pürieren.

2 Das Chilipüree mit dem Zucker, dem Essig und ¼ l Wasser in einem Topf vermischen. Aufkochen und zugedeckt bei mittlerer Hitze ca. 20 Min. kochen.

3 Stärke mit 1 EL kaltem Wasser glatt rühren und unter die kochende Sauce rühren, ½ Min. kochen und salzen. Chilisauce noch heiß in ein gründlich gesäubertes Einmachglas oder eine Twist-off-Flasche füllen, verschließen, auskühlen lassen. Im Kühlschrank aufbewahren.

TIPP

Chilis enthalten ätherische Öle, die Schleimhäute stark reizen, sodass es höllisch brennt. Darum beim Arbeiten am besten Einweghandschuhe tragen, nicht die Augen reiben und die Hände gründlich waschen.

BBQ-SAUCE

▼

FÜR CA. 400 ML
HALTBARKEIT: 1–2 WOCHEN (GEÖFFNET)

1 Knoblauchzehe
1 Zwiebel | 2 EL Olivenöl
1 EL geräuchertes edelsüßes Paprikapulver (aus dem sehr gut sortierten Supermarkt oder spanischen Lebensmittelladen, ersatzweise herkömmliches edelsüßes Paprikapulver)
300 g Tomatenketchup (fertig gekauft oder selbst gemacht, S. 45)
100 ml Orangensaft | 3 EL Weißweinessig
3 EL mittelscharfer Senf
50 ml Ahornsirup | Tabasco

ZUBEREITUNGSZEIT: 15 MIN.
PRO 100 ML: CA. 180 KCAL

1 Den Knoblauch und die Zwiebel schälen, beides fein hacken. Das Olivenöl in einem Topf erhitzen und die Zwiebel und den Knoblauch darin 1 Min. andünsten. Das Paprikapulver dazugeben und kurz mit andünsten.

2 Ketchup, Orangensaft, Essig, Senf und Ahornsirup dazugeben und unterrühren. Alles aufkochen und dann bei mittlerer Hitze ca. 5 Min. kochen.

3 Die BBQ-Sauce mit Tabasco würzen. Die Sauce noch heiß in ein gründlich gesäubertes Einmachglas oder in eine Twist-off-Flasche füllen, verschließen, auskühlen lassen. Im Kühlschrank aufbewahren.

TIPP

Diese würzige Sauce sollte man eigentlich immer im Kühlschrank haben. Denn ist die Zeit fürs Kochen etwas knapp, verleiht ein wenig BBQ-Sauce vielen Gerichten im Handumdrehen den nötigen Pepp.

BUNT BELEGTE
VEGGIE-BURGER

EIN BURGER OHNE FLEISCH? IST WIE EIN FISCH OHNE FAHRRAD. HEISST: ER KOMMT PRIMA OHNE AUS! WICHTIG NUR: DIE PATTYS MÜSSEN KROSS SEIN, DIE SAUCEN ZUM REINLEGEN LECKER. UND DIE WÜRZE? NATÜRLICH ´NE SCHARFE SACHE!

▼

FÜR 4 PERSONEN

FÜR DIE AVOCADOCREME
1 vollreife Avocado | 1 Knoblauchzehe
2 EL Crème fraîche | 2 EL Zitronensaft
Salz | Pfeffer

FÜR DIE MANGOSALSA
1 vollreife Mango
50 ml süßscharfe Chilisauce (fertig gekauft oder selbst gemacht, S. 16)
¼ Bund Koriandergrün | Salz

FÜR DIE PATTYS
1 Zwiebel | 2 Möhren
2 Dosen Kidneybohnen (je 240 g Abtropfgewicht)
8 EL Schmelzhaferflocken (eventuell etwas mehr)
Salz | Pfeffer | 4 EL neutrales Pflanzenöl

AUSSERDEM
4 Burgerbrötchen (fertig gekauft oder selbst gemacht, S. 10)
½ Bund Koriandergrün

ZUBEREITUNGSZEIT: 50 MIN.
PRO PORTION: CA. 955 KCAL

1 Für die Creme Avocado längs halbieren, den Kern entfernen, das Fruchtfleisch mit einem Löffel aus der Schale heben. Knoblauch schälen. Beides mit Crème fraîche und Zitronensaft in einen elektrischen Blitzhacker geben und fein pürieren. Salzen und pfeffern.

2 Für die Salsa die Mango schälen, das Fruchtfleisch vom Stein schneiden. Die Hälfte des Fruchtfleischs im Blitzhacker pürieren, Rest fein würfeln. Beides mit der Chilisauce verrühren. Den Koriander abbrausen und trocken schütteln, Blätter abzupfen, grob schneiden und untermischen. Die Mangosalsa mit Salz würzen.

3 Backofengrill vorheizen. Für die Pattys die Zwiebel schälen und fein würfeln. Die Möhren schälen, grob raspeln und gut ausdrücken. Die Bohnen in einem Sieb abbrausen, abtropfen lassen. Die Hälfte der Bohnen im Blitzhacker pürieren, Rest mit der Gabel grob zerdrücken. Alles mit den Haferflocken gut vermischen, mit Salz und Pfeffer würzen. Aus der Masse vier flache Küchlein in Größe der Brötchen formen. Ist die Masse zum Formen zu feucht, noch Haferflocken zugeben.

4 In einer großen beschichteten Pfanne Öl erhitzen. Darin die Bohnen-Pattys bei mittlerer Hitze auf jeder Seite in 3–4 Min. knusprig braten. Inzwischen Burgerbrötchen aufschneiden, mit den Schnittflächen nach unten auf einen Backofenrost geben. Unter dem Ofengrill (Mitte) 1 Min. toasten. Den übrigen Koriander abbrausen und trocken schütteln, die Blätter abzupfen.

5 Die Schnittflächen der unteren Brötchenhälften mit der Avocadocreme bestreichen und je 1 Bohnen-Patty daraufgeben. Mit Mangosalsa und Korianderblättern belegen, die oberen Brötchenhälften daraufsetzen und ganz leicht andrücken. Die Burger sofort servieren.

AMERICAN
HOTDOG

DER TRAUM JEDES WÜRSTCHENS? EINMAL HOT-DOG SEIN! ABER BITTE NUR AUF DIESE ART: WEICH GEBETTET AUF EINEM BRÖTCHEN, GECREMT MIT SAMTIGER MAYO. DAZU EIN KNACKIGER SIDEKICK: MR. COLESLAW? WIE NETT, SIE KENNENZULERNEN!

▼

FÜR 4 PERSONEN

FÜR DIE SENFSAUCE (CA. 200 ML)

1 Bund Dill | 100 g grober Senf
100 g cremiger Honig
2 EL Olivenöl | Salz

FÜR DEN SELLERIE-MÖHREN-SALAT

300 g Knollensellerie
1 Möhre | 1 EL Zitronensaft
3 EL Mayonnaise (fertig gekauft oder selbst gemacht, S. 44)
2 EL Crème fraîche | Salz

FÜR DIE RÖSTZWIEBELN

2 Zwiebeln | 3 EL Mehl
1 EL edelsüßes Paprikapulver
200 ml neutrales Pflanzenöl | Salz

AUSSERDEM

3 Stängel glatte Petersilie
4 Brühwürstchen (z.B. Wiener, Frankfurter)
4 Hot-Dog-Brötchen

ZUBEREITUNGSZEIT: 40 MIN.
PRO PORTION: CA. 765 KCAL

1 Für die Sauce Dill abbrausen und trocken schütteln, die Spitzen abzupfen und fein hacken. Senf und Honig glatt verrühren, das Olivenöl unterschlagen, den Dill untermischen. Die Sauce salzen und kalt stellen.

2 Für den Salat den Sellerie und die Möhre schälen. Beides erst in möglichst dünne Scheiben, dann in sehr feine Stifte schneiden. Mit dem Zitronensaft mischen. Mayonnaise und Crème fraîche verrühren, unter die Gemüsestifte mischen. Salat mit Salz würzen.

3 Die Zwiebeln schälen und in 3–4 mm dicke Ringe hobeln. Mehl mit Paprikapulver mischen, die Zwiebelringe darin wälzen. Öl in einer Pfanne erhitzen. Nach und nach überschüssiges Mehl von den Zwiebeln abschütteln und die Zwiebeln portionsweise im Öl bei mittlerer Hitze in 3–4 Min. goldbraun braten. Herausnehmen, auf Küchenpapier abtropfen lassen, salzen. Die Pfanne kurz vom Herd nehmen.

4 Die Petersilie abbrausen und trocken schütteln, die Blätter abzupfen und trocken tupfen. Die Pfanne wieder auf den Herd stellen, Petersilienblätter in dem Zwiebelfett in 20–30 Sek. knusprig braten. Anschließend auf Küchenpapier abtropfen lassen.

5 In einem Topf Wasser aufkochen. Topf vom Herd nehmen und die Würstchen ins Wasser geben, Deckel leicht schräg auflegen. Würstchen in 5–10 Min. heiß werden lassen. Die Brötchen nacheinander auf einem Toaster erhitzen, in einem Küchentuch warm halten.

6 Die Brötchen längs ein-, aber nicht ganz durchschneiden, aufklappen. Mit Salat und jeweils 1 gut abgetropften Würstchen füllen. Darauf etwas Senfsauce, Zwiebelringe und Petersilie geben.

WOODSTOCK
ORGANIC DIJON
MUSTARD

ROASTBEEF-SANDWICH

WAIT AND SEE – DIE ZEIT, DIE DAS ROASTBEEF IM OFEN BRAUCHT, LOHNT SICH. WEIL DAS FLEISCH SUPERZART WIRD. UND MAN SICH INZWISCHEN WEGTRÄUMEN KANN. ZUM BEISPIEL IN DIE PRÄRIE. SO GEMÜTLICH, WIE WIR ALS GROSSSTADT-COWBOY DAS SANDWICH AUF DEM SOFA VERPUTZEN, HATTEN ES DIE ECHTEN COWBOYS ABER NICHT!

▼

FÜR 4 PERSONEN

FÜR DAS ROASTBEEF

800 g Roastbeef | Salz | Pfeffer
2 EL mittelscharfer Senf

FÜR DIE REMOULADE

2 Eier (Größe M) | 1 Mini-Gurke
5 schwarze Oliven (ohne Stein)
2 EL Kapern (im Sud) | 1 EL Zitronensaft
2 TL edelsüßes Paprikapulver
1 EL Crème fraîche
150 g Mayonnaise (fertig gekauft oder selbst gemacht, S. 44)
Salz | Pfeffer

AUSSERDEM

2 kleine rote Zwiebeln
3 EL Rotweinessig | 1 großes Baguette
¼ Bund Brunnenkresse (ersatzweise Gartenkresse)
Fleischthermometer

ZUBEREITUNGSZEIT: 1 STD. 20 MIN.
PRO PORTION: CA. 775 KCAL

1 Den Backofen auf 160° vorheizen. Das Roastbeef von den Sehnen befreien. Fett zu zwei Dritteln entfernen, zur Seite stellen. Verbliebene Fettschicht mit dem Messer kreuzweise einritzen, dabei nicht ins Fleisch schneiden. Das Roastbeef salzen, pfeffern und mit Senf einreiben.

2 Das zur Seite gestellte Fett in einer beschichteten Pfanne bei mittlerer Hitze auslassen. Darin das Fleisch von allen Seiten kräftig anbraten, dann auf ein Backblech geben. Das Fleischthermometer in die dickste Stelle des Bratenstücks stechen. Das Roastbeef im Ofen (Mitte) in 30–35 Min. rosa (50°–55° Kerntemperatur) garen. (Wer mag, gart alternativ: Nach ca. 25 Min. ist das Roastbeef bei einer Kerntemperatur von 45° noch blutig, nach 40–45 Min. bei 65° durchgebraten.)

3 Inzwischen die Zwiebeln schälen und in feine Ringe hobeln. Mit dem Essig mischen und zur Seite stellen.

4 Für die Remoulade Eier in ca. 10 Min. hart kochen, dann abschrecken, schälen und fein hacken. Die Gurke schälen, der Länge nach halbieren und die Kerne mit einem Löffel herausschaben. Gurke fein würfeln. Die Oliven und Kapern fein hacken. Alles mit Zitronensaft, Paprikapulver und Crème fraîche unter die Mayonnaise rühren. Mit Salz und Pfeffer würzen.

5 Das Roastbeef aus dem Ofen nehmen, in Alufolie wickeln und 10 Min. ruhen lassen. Baguette vierteln und jedes Stück auf-, aber nicht durchschneiden. Im Backofen (Mitte) 2 Min. rösten. Die Kresse abbrausen und trocken schütteln, die Blätter abzupfen.

6 Roastbeef in möglichst dünne Scheiben schneiden und mit der Remoulade, den Zwiebeln und der Kresse in die Baguettes füllen. Gleich servieren.

BAGEL

▼

FÜR 10 STÜCK

750 g Mehl (Type 550) | 1 EL Salz
gut ½ Würfel Hefe (ca. 25 g) | 2 EL heller Rübensirup
1 EL Sonnenblumenöl | 2 EL Zucker

AUSSERDEM

Backpapier | Mehl zum Arbeiten
Sesamsamen, Mohnsamen, Chia-Samen, Röstzwiebeln oder Meersalz zum Bestreuen

ZUBEREITUNGSZEIT: 35 MIN.
RUHEZEIT: 1 ½ STD.
BACKZEIT: 20 MIN. (PRO BLECH)
PRO STÜCK: CA. 295 KCAL

1 Das Mehl mit dem Salz in einer Schüssel mischen. Hefe in 450 ml lauwarmes Wasser bröckeln und darin auflösen. Mit Rübensirup und Öl zum Mehl geben. Alles mit den Knethaken des elektrischen Handrührgeräts in 8–10 Min. zu einem glatten Teig verkneten. Teig zugedeckt an einem warmen Ort 1 Std. gehen lassen.

2 Dann zwei Backbleche mit Backpapier auslegen. Teig auf der leicht bemehlten Arbeitsfläche durchkneten und in 10 gleich große Stücke teilen. Teigstücke zu ca. 25 cm langen Strängen formen, die an den Enden dünner werden. Enden so zusammenlegen, dass gleichmäßig dicke Kringel entstehen, und zusammendrücken. Kringel auf die Bleche legen und abgedeckt 30 Min. gehen lassen.

3 Den Backofen auf 220° vorheizen. In einem weiten Topf 2 l Wasser mit dem Zucker aufkochen. Die Hitze reduzieren, sodass das Wasser nur noch sanft köchelt. Die Teigkringel portionsweise vorsichtig in das Wasser geben und 2 Min. ziehen lassen, dabei einmal wenden. Mit einer Schaumkelle herausheben, zurück aufs Blech legen und mit Samen, Zwiebeln oder Salz bestreuen. Im Ofen (Mitte) in ca. 20 Min. goldbraun backen.

FORELLEN-BAGEL

▼

FÜR 4 PERSONEN

1 Schälchen rote Shisokresse
(ersatzweise Gartenkresse)
50 g Rucola
4 Bagel (z.B. Sesam-Bagel, siehe links)
200 g Kräuterfrischkäse
200 g geräucherte Forellenfilets
4 EL Honig-Senf-Sauce (fertig gekauft oder selbst gemacht, S. 20)

ZUBEREITUNGSZEIT: 10 MIN.
PRO PORTION: CA. 435 KCAL

1 Die Shisokresse mit einer Küchenschere vom Beet schneiden, abbrausen und trocken tupfen. Den Rucola waschen und trocken schütteln, grobe Stiele entfernen.

2 Die Bagel waagrecht halbieren und die Schnittfläche der unteren Hälften mit Kräuterfrischkäse bestreichen und mit dem Rucola belegen.

3 Die Forellenfilets in grobe Stücke zupfen, auf den Rucola legen und mit der Honig-Senf-Sauce beträufeln. Die Kresse darauf verteilen. Die oberen Bagelhälften daraufsetzen und leicht andrücken.

TIPP

Die geräucherten Forellenfilets lassen sich auch sehr gut durch Graved Lachs in dünnen Scheiben, durch geschälte, gegarte Garnelen oder Nordseekrabben ersetzen.

KNACKIGES ÄUSSERES – SCHON KLAR: FETTGEBACKENES IST NICHT GERADE MODEL-FOOD. ABER MAN ISST ES JA AUCH NICHT JEDEN TAG. EHER GENIESST MAN ES, WIE EIN FEST. VOR ALLEM IN ZEITEN, IN DENEN ES NICHT SO RUND LÄUFT. DA BRAUCHT MAN SOULFOOD, FRISCH GEMACHT – UND KANN ES EINFACH MAL KRACHEN LASSEN.

KNUSPRIGE
ONION RINGS

ECHTE FASTFOOD-FREAKS ESSEN ONION RINGS NATÜRLICH MIT DER HAND. ALLEIN DAS KNUSPER-GERÄUSCH, WENN MAN IN DIE SCHÜSSEL GREIFT! UND HINTERHER DIE FINGER ABSCHLECKEN? IST MEGA-HMMM!

▼

FÜR 4 PERSONEN

2 Gemüsezwiebeln
90 g Mehl
90 g Speisestärke
½ TL Cayennepfeffer
1 Ei (Größe M)
Salz
300 ml eiskaltes Bier
2 Eiswürfel

AUSSERDEM

1 ½ l neutrales Pflanzenöl zum Frittieren

ZUBEREITUNGSZEIT: 30 MIN.
PRO PORTION: CA. 355 KCAL

1 Die Gemüsezwiebeln schälen und in 8–10 mm dicke Scheiben schneiden oder hobeln. Die Zwiebelscheiben anschließend in einzelne Ringe teilen.

2 In einem weiten, hohen Topf das Frittieröl auf 180° erhitzen. Um zu prüfen, ob das Öl heiß genug ist, den Stiel eines Holzkochlöffels hineinhalten. Wenn sich an dem Stiel sofort kleine Bläschen bilden, ist die Temperatur zum Frittieren richtig.

3 In einer Schüssel das Mehl mit Stärke und Cayennepfeffer mischen. Das Ei dazugeben und kräftig unterrühren, mit Salz würzen. Bier dazugießen und alles mit einem Schneebesen zu einem glatten Teig verrühren. Die Eiswürfel unter den Teig mischen.

4 Zwiebelringe portionsweise durch den Teig ziehen, ganz kurz abtropfen lassen und in dem Öl in jeweils ca. 3 Min. goldbraun und knusprig frittieren. Zwiebelringe mit einer Schaumkelle herausnehmen und auf Küchenpapier abtropfen lassen. Die Onion Rings mit Salz würzen und sofort servieren.

TIPP

Die Eiswürfel im Ausbackteig lassen die Zwiebelringe beim Frittieren besonders knusprig werden. Sollten Sie aber gerade keine zur Hand haben, reicht genauso das eiskalte Bier im Teig. Zu einem gut gekühlten Hellen schmecken die Onion Rings übrigens ausgesprochen gut! Sie passen als Beilage aber auch perfekt zu Steaks, Burgern & Co.

GEBACKENER CAMEMBERT

ALMÖHIS PAUSENKLASSIKER: RAHMIGER CAMEMBERT MIT KROSSEN SEMMELBRÖSELN. NUR DIE PREISELBEEREN MÜSSEN HEIDI UND PETER HEUTE NICHT IM BERGWALD SAMMELN – DIE GIBT'S RATZFATZ AUS DEM GLAS!

▼

FÜR 4 PERSONEN

1 Bund krause Petersilie
1 Knoblauchzehe
2 Eier (Größe M)
Salz | Pfeffer
4 EL Mehl
5 EL Semmelbrösel
4 Camemberts (je ca. 100 g)
4 EL Preiselbeerkonfitüre
4 Scheiben Schwarzbrot

AUSSERDEM
150 g Butterschmalz zum Frittieren

ZUBEREITUNGSZEIT: 30 MIN.
PRO PORTION: CA. 630 KCAL

1 Die Petersilie abbrausen und trocken schütteln, die Blätter abzupfen und gut trocken tupfen. Den Knoblauch schälen und durch die Presse drücken, mit den Eiern verquirlen und in einen tiefen Teller geben. Kräftig mit Salz und Pfeffer würzen. Das Mehl und die Semmelbrösel ebenfalls jeweils in einen tiefen Teller geben.

2 Mit einem Messer die weiße Käserinde etwas abkratzen, sodass das Mehl besser anhaften kann. Dabei aber die Rinde nicht einritzen, da sonst der Käse beim Ausbacken ausläuft. Die Camemberts nacheinander zuerst in dem Mehl, dann in den Eiern und zum Schluss in den Semmelbröseln wenden.

3 Das Butterschmalz in einer großen beschichteten Pfanne zerlassen. Darin die Camemberts bei mittlerer Hitze in ca. 8 Min. goldbraun backen, dabei einmal wenden. Herausnehmen, auf Küchenpapier abtropfen lassen. Die Petersilie ins heiße Schmalz geben und kurz knusprig frittieren (Vorsicht, das Fett spritzt, wenn die Blätter hineingegeben werden!), dann auch zum Abtropfen auf das Küchenpapier geben.

4 Die Camemberts mit der Petersilie auf Tellern anrichten. Das Schwarzbrot und die Preiselbeerkonfitüre (eventuell in kleine Schälchen füllen) dazu servieren.

TIPP

Wer gerne eine nussige Panade möchte, mischt unter die Semmelbrösel noch 2 EL gehackte oder gehobelte Haselnüsse. Dann beim Braten darauf achten, dass die Nüsse nicht zu dunkel werden. Falls nötig, die Temperatur reduzieren oder die Camemberts etwas früher als angegeben aus der Pfanne nehmen.

KROSSE
CHICKEN WINGS

DIE MODERNE VERSION DES SCHLARAFFEN-LANDS – DORT FLOGEN FRÜHER GEBRATENE TAUBEN IN DEN MUND. WIR MÖGEN ABER LIEBER CHICKEN WINGS. WEIL MEHR KNUSPERSPASS EINFACH NICHT GEHT. INNEN ZARTES FLEISCH. UND AUSSEN? GAAANZ VIEL KNABBERKRUSTE!

▼

FÜR 4 PERSONEN (12 STÜCK)

12 Hähnchenflügel
Salz | Pfeffer

FÜR DIE MARINADE
2 Knoblauchzehen
3 Zweige Zitronenthymian
250 g Buttermilch | 1 TL Zucker
1 TL Salz | ½ TL Pfeffer

FÜR DIE PANADE
100 g Mehl | ¼ TL Cayennepfeffer
300 g Pankomehl (japanisches Paniermehl, aus dem Asienladen, ersatzweise Semmelbrösel)
2 Eier (Größe M) | 3 EL Milch

AUSSERDEM
1 l neutrales Pflanzenöl zum Frittieren

ZUBEREITUNGSZEIT: 40 MIN.
MARINIERZEIT: 4 STD.
PRO PORTION: CA. 715 KCAL

1 Die Hähnchenflügel gründlich waschen und gut mit Küchenpapier trocken tupfen. Die Flügel dicht nebeneinander in eine Auflaufform geben.

2 Für die Marinade Knoblauch schälen und durch die Presse drücken. Den Thymian waschen und trocken schütteln, Blättchen abzupfen und fein hacken. Beides mit Buttermilch, Zucker, Salz und Pfeffer verrühren. Die Marinade über die Hähnchenflügel gießen, sodass sie damit bedeckt sind. Die Flügel abgedeckt in den Kühlschrank stellen und mind. 4 Std. (noch besser über Nacht) marinieren. Dann die Hähnchenflügel aus der Marinade nehmen, abtropfen lassen, salzen, pfeffern.

3 Für die Panade das Mehl mit dem Cayennepfeffer mischen und in einen tiefen Teller geben. Das Pankomehl ebenfalls in einen tiefen Teller geben. Die Eier mit der Milch verquirlen und in einen dritten Teller gießen.

4 In einem weiten, hohen Topf das Frittieröl auf 180° erhitzen. Um zu prüfen, ob das Öl heiß genug ist, den Stiel eines Holzkochlöffels hineinhalten. Wenn sich an dem Stiel sofort kleine Bläschen bilden, ist die Temperatur zum Frittieren richtig.

5 Inzwischen die Hähnchenflügel im Mehl wenden und das überschüssiges Mehl gut abklopfen. Dann die Flügel durch das Ei ziehen, kurz abtropfen lassen und zum Schluss im Pankomehl wenden.

6 Die Hähnchenflügel portionsweise in dem heißen Öl in ca. 10 Min. knusprig braun frittieren. Mit einer Schaumkelle herausheben, kurz auf Küchenpapier abtropfen lassen und sofort servieren.

BRITISH

FISH & MUSHY PEAS

DOCH, DOCH: DIE ENGLISCHE KÜCHE KANN RICHTIG LECKER SEIN! UND AUCH WAS FÜRS AUGE! DIE ERBSEN SEHEN AUS WIE DER JUNGE FRÜHLING. UND DER DUFT DES AUSBACKTEIGS, WENN ER FISCH BRÄUNT, ERINNERT AN SOMMERABENDE AM PIER.

▼

FÜR 4 PERSONEN

FÜR DEN FISCH

60 g Speisestärke
140 g Mehl
2 TL Backpulver
200 ml eiskaltes Bier (z. B. Helles)
Salz
4 Fischfilets (je ca. 180 g; z. B. Seelachs oder Kabeljau, auf MSC-Siegel achten)
Pfeffer

FÜR DIE ERBSEN

1 Zwiebel
3 EL Butter
250 g TK-Erbsen
3 EL Sahne
Salz | Pfeffer
2 EL Zitronensaft

AUSSERDEM

2 Zitronen
1 l neutrales Pflanzenöl zum Frittieren

ZUBEREITUNGSZEIT: 50 MIN.
PRO PORTION: CA. 650 KCAL

1 Den Backofen auf 160° vorheizen. Für den Fisch die Speisestärke mit 60 g Mehl und Backpulver in einer Schüssel mischen. Das Bier dazugießen und mit einem Schneebesen alles zu einem glatten Teig verrühren. Mit Salz würzen, zur Seite stellen und quellen lassen.

2 Für die Erbsen die Zwiebel schälen und fein würfeln. Butter in einem kleinen hohen Topf zerlassen und die Zwiebel darin 2 Min. andünsten. Die Erbsen und Sahne dazugeben und abgedeckt bei mittlerer Hitze 8 Min. kochen. Dann mit einem Pürierstab pürieren. Mit Salz, Pfeffer und dem Zitronensaft würzen. Abgedeckt warm halten. Die Zitronen in vier gleich große Stücke teilen.

3 In einem weiten, hohen Topf das Frittieröl auf 180° erhitzen. Um zu prüfen, ob das Öl heiß genug ist, den Stiel eines Holzkochlöffels hineinhalten. Wenn sich an dem Stiel sofort kleine Bläschen bilden, ist die Temperatur zum Frittieren richtig.

4 Das übrige Mehl in einen tiefen Teller geben. Den Fisch salzen, pfeffern und in dem Mehl wenden. Fisch portionsweise durch den Teig ziehen, kurz abtropfen lassen und im Öl in jeweils 5 Min. goldbraun frittieren. Mit einer Schaumkelle herausnehmen, auf ein Backblech geben und im Ofen (Mitte) warm halten, bis alle Filets frittiert sind. Mit den Mushy Peas und Zitronenvierteln auf Teller anrichten und servieren.

TIPP

Knusprige, goldbraune Pommes frites (S. 42) und ein paar Essiggurken passen sehr gut dazu. Einfach mit auf den Teller geben.

the home front
Salz

FRITTIERTE TINTENFISCHRINGE

WIE SIE BESSER NICHT SEIN KÖNNEN – HERRLICH ZART UND VON GOLDBRAUNER FARBE. DER TRICK: KEIN AUSBACKTEIG. STATTDESSEN EINE WÜRZIGE KNUSPERKRUSTE. DAFÜR GEHEN DIE CALAMARI SOGAR FREIWILLIG INS NETZ!

▼

FÜR 4 PERSONEN

FÜR DIE TINTENFISCHRINGE

800 g küchenfertige Calamari (bereits ausgenommen und gereinigt)
½ Bund glatte Petersilie
1 EL Zitronensaft | 120 g Mehl
1 EL edelsüßes Paprikapulver | Salz

FÜR DIE AÏOLI

2 Knoblauchzehen
2 sehr frische, zimmerwarme Eigelb (Größe M)
1 EL mittelscharfer Senf
¼ l zimmerwarmes natives Olivenöl
3 EL Crème fraîche
2 TL Zitronensaft
Salz | Pfeffer

AUSSERDEM

¾ l Olivenöl zum Frittieren (ersatzweise neutrales Pflanzenöl)
Zitronenviertel zum Servieren

ZUBEREITUNGSZEIT: 30 MIN.
PRO PORTION: CA. 1040 KCAL

1 Für die Tintenfischringe Calamari waschen und mit Küchenpapier trocken tupfen. Tentakeln abschneiden und die Tuben in 1 cm dicke Ringe schneiden. Beides in eine Schüssel geben und kalt stellen. Die Petersilie abbrausen und trocken schütteln, die Blätter abzupfen und ebenfalls trocken tupfen.

2 Für die Aïoli Knoblauch schälen und durch die Presse drücken. Mit Eigelben und dem Senf mit einem Schneebesen verrühren. Unter weiterem Rühren das Öl erst tropfenweise, dann im dünnen Strahl dazugießen, bis eine dicke Mayonnaise entstanden ist. Die Crème fraîche unterrühren, mit Zitronensaft, Salz und Pfeffer würzen.

3 In einem weiten, hohen Topf das Olivenöl auf 180° erhitzen. Um zu prüfen, ob das Öl heiß genug ist, den Stiel eines Holzkochlöffels hineinhalten. Wenn sich an dem Stiel sofort kleine Bläschen bilden, ist die Temperatur zum Frittieren richtig.

4 Die Calamari mit dem Zitronensaft beträufeln. Das Mehl mit dem Paprikapulver vermischen und die Calamari darin wälzen, restliches Mehl leicht abklopfen. Calamari portionsweise in dem heißen Öl in ca. 3 Min. goldbraun frittieren. Mit einer Schaumkelle herausnehmen und auf Küchenpapier kurz abtropfen lassen.

5 Die Petersilie ins Öl geben und kurz frittieren (Vorsicht, das Öl spritzt, wenn die Blätter hineingegeben werden!), dann ebenfalls auf dem Küchenpapier abtropfen lassen. Mit den Calamari mischen, mit Salz würzen. Mit Zitronenvierteln und Aïoli servieren.

DURCH DICK UND DÜNN – KARTOFFELN SIND UNGEHEUER WANDLUNGSFÄHIG! KÖNNEN SICH SUPERSCHLANK MACHEN. UND KNACKIG AUFTRETEN. DANN WIEDER ZEIGEN SIE XXL-FORMAT, WEICH WIE EIN SOFA, AUF DEM JEDE MENGE PLATZ HAT. SIE VERTRAGEN ES EINFACH, WENN MAN IHNEN EINS DRAUF GIBT. SIND HALT ECHTE FREUNDE!

OFENGEGARTE POTATO WEDGES

FASTFOOD BEDEUTET: KEIN STRESS AM HERD. UND IMMER SCHÖN LOCKER BLEIBEN. GANZ BESONDERS, WENN DIE DINGE MAL NICHT SO RUND LAUFEN. WAS GIBT'S DANN SCHÖNERES ALS EINEN BACKOFEN, DER MIT KNUSPRIGEM SOULFOOD WÄRMT?

▼

FÜR 4 PERSONEN

1 kg vorwiegend festkochende Kartoffeln
60 ml Sonnenblumenöl
1 EL Meersalz
½ TL edelsüßes Paprikapulver
Cayennepfeffer (nach Belieben)

AUSSERDEM
Backpapier

ZUBEREITUNGSZEIT: 40 MIN.
PRO PORTION: CA. 305 KCAL

1 Den Backofen auf 200° vorheizen. Kartoffeln unter fließendem kaltem Wasser gründlich waschen und dabei gut bürsten, dann trocken tupfen.

2 Die Kartoffeln je nach Größe längs vierteln oder sechsteln und in einer Schüssel mit dem Öl mischen. Das Salz mit Paprikapulver vermischen und die Hälfte davon gleichmäßig über die Kartoffeln streuen. Nach Belieben noch mit Cayennepfeffer würzen.

3 Ein Backblech mit Backpapier auslegen, Kartoffeln gleichmäßig darauf verteilen. Im heißen Ofen (Mitte) ca. 30 Min. garen, bis die Wedges knusprig und goldbraun sind, dabei zweimal wenden. Die fertigen Potato Wedges eventuell noch mit Salzmischung nachwürzen.

TIPP

Diese Beilage können Sie wunderbar ergänzen: ein paar Möhren, Rote Beten und/oder Süßkartoffeln schälen, in Stücke schneiden (etwa die gleiche Größe wie die Wedges) und mit den Kartoffeln auf dem Blech garen. Fertig!

GOLDBRAUNE

POMMES FRITES

TATAA! DIE ABSOLUTEN ALL TIME FAVORITES UNTER DEN FASTFOOD-STARS! SUPERSCHLANK. TOLL GEBRÄUNT. KNACKIGES ÄUSSERES, WEICHES HERZ. WIE KRIEGT MAN DAS HIN? GANZ EINFACH: NACHMACHEN!

▼

FÜR 4 PERSONEN

1 kg große festkochende Kartoffeln
1 EL Salz
1 TL edelsüßes Paprikapulver

AUSSERDEM

1½ l neutrales Pflanzenöl zum Frittieren

ZUBEREITUNGSZEIT: 40 MIN.
PRO PORTION: CA. 360 KCAL

1 Kartoffeln unter fließendem kaltem Wasser gründlich waschen und bürsten, nach Belieben schälen. Die Kartoffeln längs in ca. 1 cm dicke Scheiben schneiden und diese in ebenso dicke Stäbchen schneiden. In eine Schüssel mit kaltem Wasser geben.

2 In einem großen Topf reichlich Wasser zum Kochen bringen und salzen. Die Hälfte der Kartoffelstäbchen dazugeben, aufkochen und ca. 5 Min. kochen. Dann die Kartoffeln mit einer Schaumkelle aus dem Wasser heben, abtropfen lassen und auf einem mit Küchenpapier ausgelegten Backblech ausbreiten. Die übrigen Kartoffelstäbchen auf die gleiche Weise vorgaren und auf das Backblech geben.

3 Die Kartoffeln auskühlen lassen. Falls die Stäbchen dann noch feucht sind, mit Küchenpapier gut trocken tupfen. Das Salz mit dem Paprikapulver mischen.

4 In einem weiten, hohen Topf das Frittieröl auf 180° erhitzen. Um zu prüfen, ob das Öl heiß genug ist, den Stiel eines Holzkochlöffels hineinhalten. Wenn sich an dem Stiel sofort kleine Bläschen bilden, ist die Temperatur zum Frittieren richtig.

5 Die Kartoffelstäbchen portionsweise in dem Öl in jeweils ca. 4 Min. goldbraun und knusprig frittieren. Kartoffeln mit der Schaumkelle herausheben, gut abtropfen lassen und in eine (Metall-)Schüssel geben. Die Pommes frites mit dem Paprikasalz würzen, durchschwenken und sofort servieren.

THEATER BOOKS

MAYONNAISE

▼

FÜR 4–6 PERSONEN (CA. 180 ML)

2 sehr frische Eigelb (Größe M)
2 TL mittelscharfer Senf
Salz
150 ml Sonnenblumenöl
Pfeffer
1–2 TL Zitronensaft

ZUBEREITUNGSZEIT: 10 MIN.
BEI 6 PERSONEN PRO PORTION: CA. 230 KCAL

1 Die Eigelbe mit dem Senf und 1 Prise Salz in einem hohen Mixbecher kräftig verrühren.

2 Öl zunächst tropfenweise unter Rühren mit einem Schneebesen dazugeben (ca. 50 ml) – das Öl muss jeweils vollständig untergerührt sein, bevor wieder etwas dazugegeben wird. Dann restliches Öl in einem dünnen Strahl dazugießen und zügig unterrühren.

3 Die Mayonnaise mit Salz, Pfeffer und dem Zitronensaft pikant würzen und sofort servieren.

TIPP

Selbst fertige Delikatess-Mayonnaise aus Bio-Eiern kann nicht mit hausgemachter Mayo konkurrieren. Nehmen Sie sich die Zeit für die Zubereitung, es lohnt sich wirklich! Übrigens: Damit sich die Zutaten gut verbinden, sollten sie alle die gleiche Temperatur haben – Eier und Senf also rechtzeitig aus dem Kühlschrank nehmen.

KETCHUP

▼

FÜR CA. 1 L
HALTBARKEIT: CA. 3 MONATE (GEÖFFNET)

1 Gemüsezwiebel
1,2 kg San-Marzano-Tomaten (aus der Dose, gibt es im italienischen Lebensmittelladen)
1 großes Stück Ingwer (ca. 30 g)
2 EL Olivenöl | 160 g Rohrohrzucker
⅛ l Apfelessig | 100 g Tomatenmark
½ Zimtstange | 1 Lorbeerblatt
1 Nelke | 2 TL scharfes Currypulver
1 EL Speisestärke
Salz | Pfeffer

ZUBEREITUNGSZEIT: 50 MIN.
PRO 100 ML: CA. 105 KCAL

1 Die Zwiebel schälen und in kleine Würfel schneiden. Tomaten in der Dose mit dem Messer oder der Küchenschere grob zerkleinern. Ingwer schälen, fein reiben.

2 Öl in einem breiten Topf erhitzen. Darin die Zwiebel 3 Min. andünsten. Zucker dazugeben und schmelzen und leicht braun karamellisieren. Die Tomaten samt Saft, Ingwer, Essig, Tomatenmark und Gewürzen dazugeben. Alles aufkochen und bei mittlerer Hitze offen in ca. 20 Min. um ein Drittel einkochen, dabei gelegentlich umrühren. Dann den Topf vom Herd nehmen und die Gewürze entfernen. Tomaten mit einem Pürierstab fein pürieren, den Topf zurück auf den Herd stellen.

3 Die Stärke mit 2 EL kaltem Wasser verrühren und ins Tomatenpüree einrühren. Aufkochen und in ca. ½ Min. zu einem leicht dicklichen Ketchup einkochen. Mit Salz und Pfeffer abschmecken. Das Tomatenketchup noch heiß in gründlich gesäuberte Einmachgläser oder Twist-off-Flaschen füllen, verschließen und auskühlen lassen. Im Kühlschrank aufbewahren.

COUSCOUS-KRAUT-
KUMPIR

BESTES FASTFOOD AUS SÜDOSTEUROPA: KARTOFFELN, IM OFEN GEBACKEN UND FEIN HERAUSGEPUTZT. MIT FÜLLUNGEN, DIE ZIEMLICH MULTIKULTI SIND, WEIL SICH AUF DEM BALKAN VIELE KULTUREN TREFFEN – VOR ALLEM AUCH ORIENTALISCHE.

▼

FÜR 4 PERSONEN

FÜR DIE KARTOFFELN

4 große mehligkochende Kartoffeln (je ca. 300 g)
2 EL Sonnenblumenöl | Salz

FÜR DIE FÜLLUNG

400 g Rotkohl
1 EL Zucker | Salz
3 EL Zitronensaft
6 EL Olivenöl
100 g Instant-Couscous
1 TL Harissa (Chiliwürzpaste)
1 EL Tomatenmark
200 ml Orangensaft
4 EL Crème fraîche
1 EL Butter | Pfeffer
4 EL griechischer Joghurt
12 schwarze Oliven
6 Minzeblätter

ZUBEREITUNGSZEIT: 1 STD. 25 MIN.
PRO PORTION: CA. 645 KCAL

1 Den Backofen auf 220° vorheizen. Kartoffeln unter fließendem kaltem Wasser gründlich waschen und gut bürsten, dann trocken tupfen. Die Kartoffeln mehrmals mit einer Gabel einstechen. Mit dem Öl einreiben, rundherum salzen und jeweils in ein Stück Alufolie einwickeln. Die Kartoffeln auf ein Backblech geben und im Ofen (Mitte) 1 Std.–1 Std. 10 Min. garen.

2 Inzwischen für die Füllung beim Rotkohl den Strunk entfernen und den Rotkohl in dünne Streifen hobeln. Den Zucker und 1 TL Salz untermischen und den Kohl mit den Händen 3 Min. kräftig durchkneten (dabei eventuell Einweghandschuhe tragen, da der Kohl stark färbt). Zitronensaft und 4 EL Olivenöl untermengen.

3 Den Couscous mit Harissa und Tomatenmark in eine Schüssel geben. Den Orangensaft aufkochen und über den Couscous gießen, alles kurz durchmengen und abgedeckt 10 Min. quellen lassen.

4 Die Kartoffeln aus dem Ofen nehmen, aus der Folie wickeln und längs auf-, aber nicht durchschneiden. Die Kartoffeln ein wenig aufquetschen, mit einem Löffel jeweils zwei Drittel des Kartoffelfleischs herauskratzen und in eine Schüssel geben. Mit der Gabel zerdrücken, mit Crème fraîche und Butter verrühren, salzen und pfeffern. Die Masse zurück in die Kartoffeln füllen.

5 Den Couscous mit einer Gabel aufklockern und das übrige Olivenöl unterrühren, mit Salz würzen. Den Rotkohlsalat mit Salz und Pfeffer abschmecken.

6 Die Kartoffeln mit dem Rotkohlsalat und dem Couscous füllen. Den Joghurt und die Oliven daraufgeben. Die Minzeblätter abbrausen, trocken tupfen, grob zerkleinern und über die Kartoffeln streuen.

KARTOFFEL-
PUFFER MIT MUS

DIE GOLDBRAUNEN KNUSPERLINGE SIND UNSERE LEIB- UND SEELENWÄRMER NUMMER EINS. AUF DEM WEIHNACHTSMARKT, WENN'S DRAUSSEN BIBBERKALT IST. ZUR KIRMES, WENN DIE ACHTERBAHNFAHRT DROHT. UND ... ACH, EIGENTLICH ÜBERS GANZE JAHR!

▼

FÜR 4 PERSONEN

FÜR DAS MUS

1 kg säuerliche Äpfel (z. B. Boskop)
4 EL Zitronensaft
1 Vanilleschote
50 g Zucker

FÜR DIE PUFFER

1 kg vorwiegend festkochende Kartoffeln
1 Zwiebel
1 Ei (Größe M)
1 ½ EL Speisestärke
Salz | Pfeffer
frisch geriebene Muskatnuss
80 g Butterschmalz (ersatzweise Sonnenblumenöl)

ZUBEREITUNGSZEIT: 40 MIN.
PRO PORTION: CA. 430 KCAL

1 Für das Mus die Äpfel vierteln, schälen, entkernen und 2 cm groß würfeln. Mit Zitronensaft mischen. Die Vanilleschote längs aufschlitzen, das Mark mit dem Messerrücken herauskratzen. Den Zucker in einen weiten Topf streuen und bei mittlerer Hitze goldbraun karamellisieren. Die Äpfel, Vanilleschote und -mark und 100 ml Wasser dazugeben. Aufkochen und abgedeckt bei mittlerer Hitze 15 Min. kochen.

2 Inzwischen für die Puffer die Kartoffeln schälen, waschen und fein reiben. In ein Sieb geben und gut abtropfen lassen und ausdrücken, dabei die ablaufende Flüssigkeit auffangen. Die Zwiebel schälen, fein reiben und mit den Händen ebenfalls gut ausdrücken. Beides in eine Schüssel geben.

3 Die aufgefangene Kartoffelflüssigkeit vorsichtig abgießen, sodass nur die Kartoffelstärke zurückbleibt, die sich am Schüsselboden abgesetzt hat. Kartoffelstärke mit Ei und Speisestärke in die Schüssel mit den Kartoffeln und Zwiebeln geben, gut durchmengen. Die Masse mit Salz, Pfeffer und Muskat kräftig würzen.

4 Eine große beschichtete Pfanne bei mittlerer Hitze heiß werden lassen. So viel Schmalz darin zerlassen, bis die Pfanne ca. 1 cm hoch damit gefüllt ist. Für jeden Puffer 2–3 EL von der Kartoffelmasse hineingeben und leicht flach drücken. Die Kartoffelpuffer von jeder Seite in ca. 4 Min. goldbraun braten. Aus der Pfanne nehmen und auf Küchenpapier abtropfen lassen.

5 Die Vanilleschote aus dem Apfelmus entfernen und das Mus mit einem Schneebesen kurz, aber kräftig durcharbeiten. Zu den Puffern servieren.

BUDENZAUBER – MAL EBEN AUF DIE SCHNELLE EINEN HAPPEN NEHMEN. IN DIE WURST BEISSEN. SENF ABSCHLECKEN. IN DIE SONNE BLINZELN. VON NEBENAN WEHT CURRYDUFT. DER TYP AM STEHTISCH LÄCHELT. UND DIE BUDENFRAU BRUTZELT BULETTEN. UND BEI REGEN? ZU HAUSE DIE PFANNE SCHWENKEN, DEN NETTEN TYP EINLADEN UND EINE BULETTEN-PARTY SCHMEISSEN!

DIE GUTE ALTE CURRYWURST

ALTE FREUNDE SIND HALT UNERSETZLICH! SIE PEPPEN UNS AUF, WENN WIR UNS DOWN FÜHLEN. SIND FIX ZUR STELLE, WENN UNS WAS FEHLT. UND DAS TOLLE: SIE ZEIGEN BISS, WENN'S DRAUF ANKOMMT.

▼

FÜR 4 PERSONEN

1 Knoblauchzehe
3 EL Sonnenblumenöl
2 EL scharfes Currypulver
100 g Tomatenmark
1 Dose passierte Tomaten (400 g)
¼ l Ananassaft
3 EL Weißweinessig
1 Sternanis
1 Nelke
1 Lorbeerblatt
4 leicht geräucherte, gepökelte Brühwürste (nach Belieben nur mit Schweinefleisch oder mit Rindfleischanteil)
Salz

AUSSERDEM

Weißbrot zum Servieren

ZUBEREITUNGSZEIT: 20 MIN.
PRO PORTION: CA. 545 KCAL

1 Für die Sauce den Knoblauch schälen und durch die Presse drücken. In einem breiten Topf 1 EL Öl erhitzen und den Knoblauch darin kurz anbraten, aber nicht braun werden lassen. Das Currypulver und Tomatenmark dazugeben und kurz mitrösten.

2 Dann die passierten Tomaten, den Ananassaft, den Essig und die Gewürze mit in den Topf geben. Alles aufkochen und offen bei mittlerer Hitze in ca. 8 Min. sämig einkochen, dabei ab und zu umrühren.

3 Inzwischen restliches Öl in einer großen beschichteten Pfanne erhitzen. Darin die Brühwürste rundherum bei mittlerer bis starker Hitze in 5–8 Min. kräftig braun braten. Dann in der Pfanne warm halten.

4 Sternanis, Nelke und Lorbeerblatt aus der Sauce nehmen, die Sauce mit Salz würzen. Die Würste auf vier Teller geben und in dicke Scheiben schneiden, die Sauce darüber verteilen. Gleich mit Brot servieren.

TIPP

Wenn der Fastfood-Heißhunger so richtig groß ist, gibt's zur Currywurst natürlich herrlich knusprige Pommes frites anstatt einfach nur Weißbrot. Wie Sie die goldbraunen Kartoffelstäbchen selber machen? Einfach S. 42 aufschlagen!
Ein wahres Highlight für jeden echten Fan: Bei www.currywurst-berlin.com kann man nicht nur verschiedene Würste mit und ohne Pelle bestellen, sondern auch fertige Saucen, Currypulver, Bier und Zubehör für die Zubereitung.

SCHNITZEL-BRÖTCHEN

DIE SCHNITZELBRÖTCHEN VON HEUTE TREIBEN ES BUNT. TRAGEN KNALLIGE FARBEN UND FEDERLEICHTE TEILE: HÄHNCHENBRUST STATT SCHWEIN, TOMATE STATT MAYO. WEIL DIE SCHNITZELBRÖTCHENFANS VON HEUTE AUF KLASSE, STATT MASSE STEHEN!

▼

FÜR 4 PERSONEN

200 g grüne Bohnen
Salz
6 getrocknete Tomaten (in Öl)
150 g Kirschtomaten
5 EL Joghurt-Frischkäse
2 EL mildes Ajvar (Paprikamus)
Pfeffer
4 Hähnchenschnitzel (je ca. 150 g)
1 ½ TL edelsüßes Paprikapulver
4 EL Olivenöl
3 EL Ahornsiup
1 ½ EL mittelscharfer Senf
4 Baguette-Brötchen

ZUBEREITUNGSZEIT: 40 MIN.
PRO PORTION: CA. 625 KCAL

1 Die Bohnen waschen, putzen und in Salzwasser in ca. 7 Min. gar kochen. Dann in ein Sieb abgießen, kalt abschrecken und gut abtropfen lassen.

2 Inzwischen die getrockneten Tomaten gut abtropfen lassen und in kleine Würfel schneiden. Die Kirschtomaten waschen und vierteln. Den Frischkäse mit Ajvar verrühren, mit Salz und Pfeffer würzen.

3 Die Hähnchenschnitzel waschen und mit Küchenpapier trocken tupfen, dann mit dem Paprikapulver einreiben, salzen und pfeffern. Eine große Grillpfanne (alternativ eine ganz normale Pfanne nehmen) erhitzen und mit 1 EL Öl einpinseln. Hähnchenschnitzel darin bei starker Hitze 6 Min. grillen, dabei einmal wenden.

4 Inzwischen das übrige Öl mit dem Ahornsirup und dem Senf verrühren. Die Bohnen mit Kirschtomaten, den getrockneten Tomaten und dem Senfdressing vermischen. Mit Salz abschmecken.

5 Die Brötchen aufschneiden und die Schnittflächen mit der Ajvarcreme bestreichen. Die Schnitzel mit dem Bohnengemüse in die Brötchen füllen.

TIPP

Leckere Variante: Anstatt des Bohnengemüses schmeckt zum Schnitzel auch frische, klein gewürfelte Ananas und 1 Handvoll feine Frühlingzwiebelringe auf dem Brötchen. Den Frischkäse dann zusätzlich mit 1 TL Currypulver abschmecken.

KRÄUTER-
FRIKADELLEN

DIE KUMPELS MIT DEN VIELEN NAMEN: BULETTE. PFLANZERL. FRIKADELLE. IST ABER EIGENTLICH EGAL. DENN EINES BLEIBT IMMER GLEICH: DIE DINGER SIND SUPERPRAKTISCH. PRIMA AUF VORRAT ZU MACHEN. UND SCHMECKEN KALT WIE WARM!

▼

FÜR 4 PERSONEN

1 Zwiebel
2 Knoblauchzehen
1 Zweig Rosmarin
2 Zweige Thymian
500 g gemischtes Hackfleisch
100 g Ricotta
1 Eiweiß (Größe M)
1 EL mittelscharfer Senf
Salz | Pfeffer
2 EL neutrales Pflanzenöl

AUSSERDEM
Backpapier

ZUBEREITUNGSZEIT: 35 MIN.
KÜHLZEIT: 15 MIN.
PRO PORTION: CA. 425 KCAL

1 Die Zwiebel schälen und in feine Würfel schneiden. Den Knoblauch schälen und durch die Presse drücken. Kräuter abbrausen und trocken schütteln, Nadeln bzw. Blättchen von den Zweigen streifen und fein hacken.

2 Das Hackfleisch mit Kräutern, Knoblauch, Zwiebel, Ricotta, Eiweiß und dem Senf in einer Schüssel mit den Händen gut vermengen. Kräftig mit Salz und Pfeffer würzen. Die Hackmasse mit angefeuchteten Händen zu 8 gleich großen Bällchen formen und abgedeckt für ca. 15 Min. kalt stellen. Den Backofen auf 200° vorheizen, ein Backblech mit Backpapier auslegen.

3 In einer großen Pfanne das Öl erhitzen. Darin die Kräuter-Frikadellen bei starker Hitze auf jeder Seite in 3 Min. goldbraun anbraten. Auf das Blech geben und im Ofen (unten) in 10 Min. fertig garen.

TIPP

Am besten zu den Frikadellen mittelscharfen Senf mit auf den Tisch stellen. Und dazu – ganz klassisch – Kartoffelsalat oder einen üppigen grünen Blattsalat servieren.

HAMBURGER FISCHBRÖTCHEN

AM ALLERBESTEN SCHMECKT SO EIN HAMBURGER FISCHBRÖTCHEN NATÜRLICH NACH EINER DURCHGEMACHTEN NACHT, AN EINER HAFENBUDE. ABER AM ALLER-ALLERBESTEN SCHMECKT ES ZU HAUSE, MIT SELBST GEMACHTER REMOULADE. WEIL HOMEMADE EINFACH JEDES READYMADE SCHLÄGT!

▼

FÜR 4 PERSONEN

FÜR DIE REMOULADE

2 Eier (Größe M)
2 sehr frische Eigelb (Größe M)
2 TL mittelscharfer Senf
Salz
150 ml Sonnenblumenöl
1 EL Crème fraîche
100 g Cornichons + 1 EL Gurkensud
2 EL Kapern (im Sud)
2 TL edelsüßes Paprikapulver
½ Bund Schnittlauch
½ Bund glatte Petersilie
Pfeffer

FÜR DIE BRÖTCHEN

2 rote Zwiebeln
8 grüne Salatblätter
4 Stängel Dill
4 Brötchen
4 Bismarckheringe

ZUBEREITUNGSZEIT: 30 MIN.
PRO PORTION: CA. 765 KCAL

1 Für die Remoulade Eier in ca. 10 Min. hart kochen, dann kalt abschrecken und schälen.

2 Inzwischen die Eigelbe mit Senf und 1 Prise Salz verrühren. Das Öl zunächst tropfenweise unter Rühren mit einem Schneebesen dazugeben (ca. 50 ml) – das Öl muss jeweils vollständig untergerührt sein, bevor wieder etwas dazugegeben wird. Dann das restliche Öl in einem dünnen Strahl dazugießen und zügig unterrühren. Crème fraîche unter die Mayonnaise mischen.

3 Die Cornichons, die Kapern und die gekochten Eier fein hacken. Mit Gurkensud und Paprikapulver unter die Mayonnaise rühren. Die Kräuter abbrausen und trocken schütteln. Den Schnittlauch in feine Röllchen schneiden, Petersilienblätter von den Stängeln zupfen und fein schneiden. Beides unter die Remoulade mischen. Mit Salz und Pfeffer abschmecken.

4 Für die Brötchen die Zwiebeln schälen und in dünne Ringe hobeln. Die Salatblätter und den Dill abbrausen und trocken schütteln, Dillspitzen von den Stängeln abzupfen. Die Brötchen auf-, aber nicht ganz durchschneiden. Mit Bismarckhering, Zwiebelringen, Salat, Remoulade und Dill füllen.

TIPP

Das Original kommt ohne Remoulade aus. Wer ebenfalls darauf verzichten möchte, bestreicht die aufgeschnittenen Brötchen dünn mit Butter und belegt sie mit ein paar Essiggurkenscheiben. Dann noch mit Hering, Zwiebeln, Salat und Dill füllen – fertig.

KRÄUTER-
BRATHÄHNCHEN

ZWEI TRENDS IN EINEM: FASTFOOD UND SLOW COOKING. ERST SCHMURGELT DAS ZARTE TEILCHEN GANZ SANFT IM OFEN VOR SICH HIN. UND DANN KÖNNEN WIR GAR NICHT SCHNELL GENUG WAS DAVON KRIEGEN!

▼

FÜR 4 PERSONEN

½ Bio-Zitrone
2 Zweige Rosmarin
4 Zweige Thymian
1 Knoblauchzehe
2 TL edelsüßes Paprikapulver
1 EL Honig
4 EL Olivenöl
1 Freiland-Hähnchen (ca. 1,4 kg)
Salz | Pfeffer

AUSSERDEM

Backpapier
Geflügelschere

ZUBEREITUNGSZEIT: 25 MIN.
GARZEIT: 50 MIN.
PRO PORTION: CA. 535 KCAL

1 Den Backofen auf 200° vorheizen. Ein Backblech mit Backpapier auslegen. Die Zitrone heiß waschen und abtrocknen, Schale fein abreiben und 1 EL Saft auspressen. Kräuter abbrausen und trocken schütteln, Blättchen von den Zweigen streifen und fein hacken. Den Knoblauch schälen und durch die Presse drücken. Alles mit Paprikapulver, Honig und 2 EL Öl verrühren.

2 Das Hähnchen halbieren, dazu mit einer Geflügelschere am Rückgrat und Brustbein entlang schneiden und Knochen und Haut durchtrennen. Die Hähnchenhälften waschen und mit Küchenpapier trocken tupfen. Das Hähnchen mit Salz und Pfeffer einreiben.

3 Die Hähnchenhälften mit der Hautseite nach oben auf das Blech legen und gleichmäßig mit der Marinade einpinseln. Mit Alufolie locker abdecken.

4 Das Kräuter-Hähnchen im Backofen (2. Schiene von unten) in ca. 50 Min. gar und knusprig braten. Dabei nach 20 Min. die Folie abnehmen und die Hälften mit dem übrigen Öl bestreichen und immer wieder mit dem austretenden Fleischsaft beträufeln.

TIPP

Zu dem Kräuter-Brathähnchen passen ofenfrische Pommes frites (S. 42) sehr gut. Sollte vom Hähnchenfleisch etwas übrig bleiben, kann man das Fleisch zerzupfen und am nächsten Tag kalt unter einen grünen Salat mit Parmesanspänen, Kirschtomaten und Croûtons mischen. Den Salat am besten mit einer Joghurtsauce anmachen.

CREMIGE
ERBSENSUPPE

MANCHE DINGE MÜSSEN EINFACH BLEIBEN WIE SIE SIND. WEIL MAN SICH FÜHLT WIE FRÜHER, WENN MAN SIE ISST: WARM, WOHLIG UND PICKEPACKE SATT. HALT EBEN RUNDHERUM GUT!

▼

FÜR 4 PERSONEN

250 g getrocknete grüne Erbsen
1 Zwiebel
150 g durchwachsener Räucherspeck (am Stück)
2 EL Sonnenblumenöl
300 g festkochende Kartoffeln
100 g Knollensellerie
2 Möhren
½ Stange Lauch
4 geräucherte Kochwürste (z. B. Mettenden oder Kohlwurst)
2 TL getrockneter Majoran
1 Lorbeerblatt
1 EL mildes Currypulver
Salz | Pfeffer

AUSSERDEM

1 Baguette zum Servieren

ZUBEREITUNGSZEIT: 30 MIN.
EINWEICHZEIT: 12 STD.
GARZEIT: 1 ½ STD.
PRO PORTION: CA. 1005 KCAL

1 Die Erbsen in eine Schüssel geben und mit reichlich kaltem Wasser bedecken. Die Erbsen ca. 12 Std. (am besten über Nacht) einweichen.

2 Am nächsten Tag Zwiebel schälen und fein würfeln. Den Speck ohne Schwarte in ½ cm dicke Scheiben schneiden. Das Öl in einem weiten, großen Topf erhitzen und die Speckscheiben darin 2 Min. anbraten. Die Zwiebel dazugeben und 1 Min. mitbraten. Die Erbsen in ein Sieb abgießen und mit 1 ½ l frischem Wasser zu dem Speck in den Topf geben. Aufkochen und zugedeckt bei mittlerer Hitze 1 Std. kochen.

3 Nach 45 Min. Garzeit Kartoffeln schälen, waschen und in 2 cm große Würfel schneiden. Den Sellerie und die Möhren schälen und 1 ½ cm groß würfeln. Den Lauch putzen, waschen und in 1 cm breite Ringe schneiden. Die Würste mit einer Gabel mehrmals einstechen.

4 Kartoffeln und Gemüse mit Majoran, Lorbeerblatt, Curry und den Würsten zur Suppe geben. Alles gut umrühren und zugedeckt noch 25–30 Min. weiterkochen. Dabei immer wieder mal umrühren.

5 Die Würste und das Lorbeerblatt aus der Suppe nehmen. Die Hälfte der Erbsensuppe in einen hohen Mixbecher geben, mit dem Pürierstab pürieren und dann zurück in den Topf geben. Die Suppe mit Salz und Pfeffer würzen, die Würste einlegen und wieder heiß werden lassen. Das Baguette in Scheiben schneiden und zur Erbsensuppe servieren.

KRAUT-
SCHUPFNUDELN

DEFINITIV NICHT NUR FÜR SCHWABEN! SONDERN FÜR ALLE, DIE WISSEN, DASS FASTFOOD AUCH ENTSCHLEUNIGUNGS-FOOD IST: BEIM TEIGKNETEN KOMMT MAN RUNTER. BEIM ROLLEN WIRD MAN MUNTER. UND BEIM BRUTZELN? VERGNÜGT!

▼

FÜR 4 PERSONEN

FÜR DIE SCHUPFNUDELN
600 g mehligkochende Kartoffeln
Salz | 2 EL Butter
2 Eigelb (Größe M)
50 g Speisestärke | 100 g Mehl
frisch geriebene Muskatnuss
2 EL Butterschmalz

FÜR DAS KRAUT
1 Zwiebel
150 g durchwachsener Räucherspeck
3 EL Sonnenblumenöl
800 g Sauerkraut
150 ml Weißwein
200 ml Gemüsebrühe
1 Lorbeerblatt | 1 Nelke
4 Wacholderbeeren | Salz

AUSSERDEM
Kartoffelpresse
Mehl zum Arbeiten
2 Stängel glatte Petersilie

ZUBEREITUNGSZEIT: 1 ½ STD.
PRO PORTION: CA. 645 KCAL

1 Für die Schupfnudeln die Kartoffeln waschen und in ausreichend Salzwasser in ca. 25 Min. weich kochen. Die Butter in einem kleinen Topf bei mittlerer Hitze zerlassen und hell bräunen, abkühlen lassen.

2 Inzwischen für das Kraut die Zwiebel schälen und fein würfeln. Den Speck ebenfalls in kleine Würfel schneiden. Das Öl in einem Topf erhitzen, Speck und Zwiebeln darin 2 Min. anbraten. Das Sauerkraut, den Wein, die Brühe und die Gewürze dazugeben. Alles aufkochen und bei schwacher Hitze ca. 30 Min. köcheln lassen, bis die Flüssigkeit beinahe ganz verdampft ist. Kraut mit Salz würzen, Gewürze entfernen.

3 Kartoffeln abgießen und zurück in den Topf geben. Die Kartoffeln kurz abkühlen lassen, dann noch heiß pellen und durch eine Kartoffelpresse drücken. Mit den Eigelben, der Stärke, dem Mehl und der gebräunten Butter vermengen. Teig mit Salz und Muskat würzen.

4 Den Kartoffelteig auf der leicht bemehlten Arbeitsfläche zu dicken Rollen formen, mit einem Esslöffel Teignocken (je ca. 15 g) abstechen und diese mit bemehlten Händen zu Würsten formen, die an den Enden spitz zulaufen. In einem großen Topf reichlich Salzwasser aufkochen. Die Schupfnudeln darin bei mittlerer Hitze ca. 5 Min. ziehen lassen, bis sie an die Oberfläche steigen. Mit einer Schaumkelle herausnehmen, in ein Sieb geben, gut abschrecken und abtropfen lassen.

5 Ist das Kraut fertig gegart, Schmalz in einer großen beschichteten Pfanne zerlassen. Die Nudeln darin bei mittlerer Hitze in ca. 4 Min. goldbraun braten. Kraut gut abtropfen lassen, dazugeben, 2 Min. mitbraten. Petersilie abbrausen und trocken schütteln, die Blätter fein schneiden und über die Kraut-Schupfnudeln streuen.

ZUTATEN 0,70€
-FUNGHI
-ZWIEBEL
-PAPRIKA
-CHILI
-KAPERN
-OLIVEN
-PEPERONI
-FRISCHE TOMATEN
Veganer Käseersatz erhältlich 0,70
KNOBIPASTE-

HEISSE LIEBE – TEIG FLACH LEGEN, BELAG DRAUF. UND AB IN DEN OFEN! WIRKLICH EINE FLOTTE NUMMER. UND DAS TOLLE: SIE FUNKTIONIERT IMMER! WENN'S KALT IST. WENN DIE SONNE KNALLT. IM GEHEN UND STEHEN. AM TISCH, MIT FREUNDEN. WENN MAN TRAURIG IST. WENN MAN GUT DRAUF IST. PIZZA IST EINFACH DIE TOLLSTE ERFINDUNG DER WELT!

OFENFRISCHE
PIZZA MARGHERITA

»ISCH ABE GAR KEINE ZEIT«? SO WAS GIBT'S NICHT BEI PIZZA! WEIL PIZZA NOCH ITALIENISCHER SCHMECKT, WENN DER TEIG SELBST GEMACHT IST. UND NOCH SÜDLICHER, WENN DER EIGENE OFEN DIE GLUTHITZE HAT.

▼

FÜR 4 PERSONEN

FÜR DEN TEIG

400 g Mehl (Type 550)
100 g Instant-Polenta (feiner Maisgrieß)
1 TL Salz
⅔ Würfel Hefe (ca. 30 g)
3 EL natives Olivenöl

FÜR DEN BELAG

1 Dose Pizza-Tomaten (400 g)
Salz | Pfeffer
3 Kugeln Büffelmozzarella (je 125 g)
50 g Pecorino
4 Stängel Basilikum
4 EL natives Olivenöl

AUSSERDEM

Pizzastein (nach Belieben)
Mehl zum Arbeiten
Backpapier

ZUBEREITUNGSZEIT: 20 MIN.
RUHEZEIT: 1 STD.
BACKZEIT: 10 MIN. (PRO PIZZA)
PRO PORTION: CA. 1005 KCAL

1 Für den Teig das Mehl mit der Instant-Polenta und dem Salz in einer Schüssel mischen. Hefe in 300 ml lauwarmes Wasser bröckeln und darin auflösen. Mit dem Olivenöl zum Mehl geben. Alles mit den Händen zu einem glatten Teig verkneten. Abgedeckt an einem warmen Ort 1 Std. gehen lassen.

2 Knapp 30 Min. vor dem Backen den Backofen auf 250° vorheizen, dabei das Backblech oder eventuell einen Pizzastein (unten) in den Ofen schieben.

3 Für den Belag die Tomaten in einem Sieb abtropfen lassen, dann mit Salz und Pfeffer würzen. Den Mozzarella in Stücke zupfen, Pecorino fein reiben. Die Basilikumblätter von den Stängeln zupfen.

4 Den Teig auf einer leicht bemehlten Arbeitsfläche nochmals gut durchkneten und vierteln. Ein Teigviertel möglichst dünn und rund ausrollen (ca. 25 cm Ø) und auf ein Stück Backpapier geben. Mit je einem Viertel der Tomaten, des Mozzarellas und des Pecorinos belegen. Pizza mit dem Backpapier aufs heiße Blech oder eventuell den heißen Stein ziehen und ca. 10 Min. backen, bis der Rand gebräunt und der Käse zerlaufen ist.

5 Die fertige Pizza aus dem Ofen nehmen und mit 1 EL Öl beträufeln, mit Salz und Pfeffer würzen. Ein Viertel der Basilikumblätter grob zerzupfen und über die Pizza streuen. Die Pizza vierteln und gleich servieren. Dann nach und nach die restlichen Pizzas wie beschrieben zubereiten, teilen und auf den Tisch stellen.

19

GRÜNE VEGGIE-
PIZZA-PRIMAVERA

MIESE STIMMUNG? DOOFER TAG? KLARER FALL FÜR COMMISSARIO PRIMAVERA. ERST BRINGT ER LICHT INS DUNKEL: LEUCHTEND GRÜNEN SPARGEL, SONNIGES EI. UND DANN MACHT ER DER SCHLECHTWETTERLAUNE FEUER UNTERM HINTERN!

▼

FÜR 4 PERSONEN

FÜR DEN TEIG

400 g Mehl (Type 550)
100 g Instant-Polenta (feiner Maisgrieß)
1 TL Salz | ⅔ Würfel Hefe (ca. 30 g)
3 EL natives Olivenöl

FÜR DEN BELAG

1 Knoblauchzehe | 150 g junger Blattspinat
5 EL natives Olivenöl
4 Frühlingszwiebeln | 200 g grüner Spargel
200 g Crème fraîche
Salz | Pfeffer
150 g TK-Erbsen | 4 Eier (Größe M)

AUSSERDEM

Pizzastein (nach Belieben)
Mehl zum Arbeiten
Backpapier

ZUBEREITUNGSZEIT: 20 MIN.
RUHEZEIT: 1 STD.
BACKZEIT: 10 MIN. (PRO PIZZA)
PRO PORTION: CA. 930 KCAL

1 Für den Teig das Mehl mit Polenta und Salz in einer Schüssel mischen. Hefe in 300 ml lauwarmes Wasser bröckeln, darin auflösen. Mit Öl zum Mehl geben. Alles mit den Händen zu einem glatten Teig verkneten. Abgedeckt an einem warmen Ort 1 Std. gehen lassen.

2 Knapp 30 Min. vor dem Backen den Backofen auf 250° vorheizen, dabei das Backblech oder eventuell einen Pizzastein (unten) in den Ofen schieben.

3 Für den Belag den Knoblauch schälen und durchpressen. Spinat putzen, waschen, trocken schleudern. 1 EL Öl in einer Pfanne erhitzen, Knoblauch bei schwacher Hitze andünsten. Spinat dazugeben und zusammenfallen, dann in einem Sieb auskühlen lassen, gut ausdrücken. Frühlingszwiebeln putzen, waschen und in dünne Ringe schneiden. Spargel waschen, im unteren Drittel schälen und die Enden abschneiden. Spargelstangen längs in dünne Streifen hobeln. Die Crème fraîche mit Salz und Pfeffer würzen und glatt rühren.

4 Teig auf einer leicht bemehlten Arbeitsfläche durchkneten und vierteln. Ein Teigviertel dünn und rund ausrollen (ca. 25 cm Ø), auf Backpapier geben. Mit einem Viertel der Crème fraîche bestreichen, ein Viertel der Erbsen und der Zwiebeln darauf verteilen. Pizza mit dem Backpapier auf das heiße Blech oder eventuell den heißen Stein ziehen und 5 Min. backen. Dann 1 Ei aufschlagen und auf die Pizza gleiten lassen. Die Pizza weitere 5 Min. backen, bis der Rand gebräunt ist.

5 Die fertige Pizza aus dem Ofen nehmen, mit einem Viertel des Spargels belegen und mit 1 EL Öl beträufeln, salzen, pfeffern. Pizza vierteln und gleich servieren. Dann nach und nach restliche Pizzas wie beschrieben zubereiten und auf den Tisch stellen.

DEFTIG GEFÜLLTE CALZONE

SUPERSACHE FÜR ALLE, DIE LOCKER VOM HOCKER KOCHEN. ERST MAL GUCKEN, WAS IM KÜHLSCHRANK IST. DANN MUNTER KOMBINIEREN – UND SICH ÜBERRASCHEN LASSEN, WAS DAS TEIGPAKET SO ALLES OFFENBART!

▼

FÜR 4 PERSONEN

FÜR DEN TEIG

350 g Mehl (Type 550) | 1 ½ TL Salz
½ Würfel Hefe (ca. 20 g)
1 EL Olivenöl

FÜR DIE FÜLLUNG

1 Dose Cannelini-Bohnen (240 g Abtropfgewicht)
2 Knoblauchzehen
400 g rohe, grobe Schweinsbratwürste
1 EL Fenchelsamen
3 EL natives Olivenöl
1 Dose gewürfelte Tomaten (400 g)
Salz | Pfeffer
200 g Ricotta | 100 g Mozzarella

AUSSERDEM

Pizzastein (nach Belieben)
Mehl zum Arbeiten
Backpapier

ZUBEREITUNGSZEIT: 1 ½ STD.
BACKZEIT: 15 MIN.
PRO PORTION: CA. 900 KCAL

1 Für den Teig Mehl mit dem Salz in einer Schüssel mischen. Hefe in 220 ml lauwarmes Wasser bröckeln und darin auflösen. Mit dem Öl zum Mehl geben. Alles mit den Händen zu einem glatten Teig verkneten. Abgedeckt an einem warmen Ort 1 Std. gehen lassen.

2 Inzwischen für die Füllung die Bohnen in ein Sieb geben und abtropfen lassen. Knoblauch schälen und durchpressen. Bratwurstbrät aus den Häuten drücken. ½ EL Fenchelsamen in einem Mörser leicht andrücken.

3 In einer Pfanne 1 EL Öl erhitzen. Den Knoblauch andünsten, Brät und zerdrückten Fenchel dazugeben und 4 Min. anbraten. Bohnen und Tomaten untermischen. Alles aufkochen und bei mittlerer Hitze 10 Min. kochen, bis die Tomatenflüssigkeit beinahe eingekocht ist. Mit Salz und Pfeffer würzen. Die Mischung in eine Schüssel umfüllen und 10 Min. abkühlen lassen.

4 Den Backofen auf 250° vorheizen, dabei das Backblech oder eventuell einen Pizzastein (unten) in den Ofen schieben. Teig auf einer leicht bemehlten Arbeitsfläche durchkneten, vierteln und abgedeckt ca. 15 Min. gehen lassen. Ricotta mit der Bohnen-Brät-Mischung vermengen. Mozzarella grob würfeln, untermengen.

5 Auf der bemehlten Arbeitsfläche die Teigviertel zu 3 mm dicken Kreisen ausrollen. Auf eine Hälfte jedes Teigfladens Füllung verteilen, dabei einen 2 cm breiten Rand lassen. Rand mit Wasser einpinseln, leere Teighälfte über die Füllung schlagen, Rand gut zusammendrücken. Jede Calzone auf Backpapier geben, mit dem restlichen Öl bepinseln und den übrigen Fenchelsamen bestreuen. Calzone mit dem Backpapier auf das heiße Blech oder eventuell den heißen Stein ziehen und in 15 Min. goldbraun backen.

KLASSISCHE LASAGNE

DAS GEHEIMNIS ITALIENISCHER LEBENSART? AUS ALLEM DAS BESTE MACHEN! BEIM BOLOGNESE-RÜHREN VON SCHÖNEN DINGEN TRÄUMEN. UND DAS LASAGNE-SCHICHTEN ALS WORK-OUT BETRACHTEN.

▼

FÜR 4 PERSONEN

FÜR DIE BOLOGNESE

200 g Zwiebeln | 2 Knoblauchzehen
3 Möhren | 2 Stangen Staudensellerie
2 EL Olivenöl
600 g gemischtes Hackfleisch
150 ml Rotwein
1 Zweig Rosmarin | 2 Lorbeerblätter
1 Dose Tomaten (800 g)
Salz | Pfeffer

FÜR DIE BÉCHAMELSAUCE

70 g Butter | 60 g Mehl | 800 ml Milch
30 g geriebener Parmesan
Salz | Pfeffer
frisch geriebene Muskatnuss

AUSSERDEM

Auflaufform (ca. 25 x 25 cm)
Butter für die Form
12 Lasagne-Nudelplatten (ohne Vorkochen)
200 g Mozzarella | 3 Stängel Salbei
50 g geriebener Parmesan

ZUBEREITUNGSZEIT: 40 MIN.
BACKZEIT: 40 MIN.
PRO PORTION: CA. 1230 KCAL

1 Für die Bolognese die Zwiebeln schälen und klein würfeln. Knoblauch schälen und in dünne Scheiben schneiden. Die Möhren schälen, den Sellerie waschen und putzen, beides ebenfalls möglichst klein würfeln.

2 Das Öl in einem weiten, großen Topf erhitzen. Knoblauch, Zwiebeln, Möhren und Sellerie darin 4 Min. andünsten. Hackfleisch dazugeben und 3 Min. anbraten. Wein dazugießen und um die Hälfte einkochen. Den Rosmarin und die Lorbeerblätter abbrausen und trocken schütteln, mit den Tomaten dazugeben. Alles aufkochen und bei mittlerer Hitze in 10–15 Min. dicklich einkochen. Mit Salz und Pfeffer würzen.

3 Inzwischen für die Béchamelsauce Butter in einem Topf zerlassen und das Mehl unterrühren. Milch nach und nach dazugießen, dabei kräftig mit einem Schneebesen rühren. Aufkochen und bei schwacher Hitze unter gelegentlichem Rühren in 10 Min. zu einer dicklichen Sauce einkochen. Den Parmesan unterrühren, mit Salz, Pfeffer und Muskat würzen.

4 Den Backofen auf 180° vorheizen. Die Kräuter aus der Bolognesesauce nehmen. Die Auflaufform mit der Butter einfetten und etwas Béchamelsauce auf den Boden der Form streichen. Darauf schichtweise Nudelplatten, Bolognese und Béchamel verteilen, dabei mit einer Schicht Béchamel enden.

5 Den Mozzarella in grobe Stücke zupfen. Den Salbei abbrausen und trocken schütteln, Blätter abzupfen. Parmesan über die Lasagne streuen, darauf Mozzarella und Salbei verteilen. Die Lasagne im Ofen (2. Schiene von unten) in ca. 40 Min. goldbraun backen. Lasagne etwas abkühlen lassen und servieren.

KÜRBIS-SPECK-FLAMMKUCHEN

DIE KLASSISCHE NÖRDLICH-DER-ALPEN-PIZZA. GENAUSO KROSS UND MINDESTENS SO VERFÜHRERISCH. HAUCHDÜNN, MEGAKNUSPRIG. UND WÄHREND DER TEIG RUHT, GÖNNT MAN SICH EIN HERRLICH FAULES DOLCEFARNIENTE.

▼

FÜR 4 PERSONEN

FÜR DEN TEIG

250 g Mehl (Type 550)
½ TL Salz
⅛ l Buttermilch
¼ Würfel Hefe (ca. 10 g)

FÜR DEN BELAG

300 g rote Zwiebeln
400 g Hokkaido-Kürbis
60 g durchwachsener Räucherspeck (in dünnen Scheiben)
300 g Crème fraîche
Salz | Pfeffer
80 g Greyerzer

AUSSERDEM

Pizzastein (nach Belieben)
Mehl zum Arbeiten
Backpapier

ZUBEREITUNGSZEIT: 20 MIN.
RUHEZEIT: 1 ½ STD.
BACKZEIT: 5 MIN. (PRO FLAMMKUCHEN)
PRO PORTION: CA. 720 KCAL

1 Für den Teig das Mehl mit dem Salz und der Buttermilch in eine Schüssel geben. Hefe in 3 EL lauwarmes Wasser bröckeln und darin auflösen, zum Mehl geben. Alles mit den Knethaken des Handrührgeräts zu einem glatten Teig verkneten. Abgedeckt an einem warmen Ort 1 ½ Std. gehen lassen.

2 Knapp 30 Min. vor dem Backen den Backofen auf 250° vorheizen, dabei das Backblech oder eventuell einen Pizzastein (unten) in den Ofen schieben.

3 Für den Belag die Zwiebeln schälen, halbieren und in dünne Streifen schneiden. Kürbis waschen, putzen und die Kerne mit einem Löffel herauskratzen. Kürbis dünn hobeln. Den Räucherspeck ohne die Schwarte in 1 cm breite Streifen schneiden. Crème fraîche mit Salz und Pfeffer würzen. Den Käse fein reiben.

4 Den Teig auf einer leicht bemehlten Arbeitsfläche nochmals gut durchkneten und vierteln. Ein Teigviertel mit etwas Mehl auf Backpapier ca. 2 mm dick oval ausrollen. Mit einem Viertel der Crème fraîche bestreichen und mit je einem Viertel Zwiebeln, Kürbis, Speck und Käse belegen. Mit Salz und Pfeffer würzen.

5 Den Flammkuchen mit dem Backpapier auf das heiße Blech oder eventuell den heißen Stein ziehen und in ca. 5 Min. knusprig backen.

6 Den fertigen Flammkuchen aus dem Ofen nehmen, vierteln und gleich servieren. Dann nach und nach die restlichen Flammkuchen wie beschrieben zubereiten, teilen und auf den Tisch stellen.

FRUCHTIGER ZWIEBELKUCHEN

DER ZWIEBELKUCHEN MIT DEM GEWISSEN ETWAS: TRAUBEN OBENDRAUF. BLAUSCHIMMELKÄSE DRIN. WIRKT ANDERS. MACHT AN. UND IST RUCK, ZUCK VERNASCHT!

▼

FÜR 1 BACKBLECH (CA. 20 STÜCK)

FÜR DEN TEIG

500 g Mehl (Type 550)
1 TL Salz
1 Würfel Hefe (ca. 40 g)
1 TL Zucker
1 Ei (Größe M)

FÜR DEN BELAG

800 g Gemüsezwiebeln
50 g Butterschmalz
250 g saure Sahne
¼ l Milch
4 Eier (Größe M)
200 g rohe Schinkenwürfel
Salz | Pfeffer
3 Zweige Thymian
500 g dunkle Weintrauben (ohne Kerne)
100 g Blauschimmelkäse

AUSSERDEM

Backpapier
Mehl zum Arbeiten

ZUBEREITUNGSZEIT: 1 ¼ STD.
BACKZEIT: 40 MIN.
PRO STÜCK: CA. 220 KCAL

1 Für den Teig das Mehl und Salz in einer Schüssel mischen. Die Hefe in ¼ l lauwarmes Wasser bröckeln und darin auflösen, den Zucker unterrühren. Mit dem Ei zum Mehl geben. Alles mit den Knethaken des Handrührgeräts zu einem glatten Teig verkneten. Abgedeckt an einem warmen Ort 1 Std. gehen lassen.

2 Inzwischen für den Belag die Zwiebeln schälen und in ½ cm dicke Ringe hobeln. Butterschmalz in einer großen Pfanne zerlassen. Zwiebeln darin bei mittlerer Hitze 15 Min. dünsten, abkühlen lassen.

3 Die saure Sahne mit der Milch, den Eiern und den Schinkenwürfeln verquirlen. Kräftig mit Salz und Pfeffer würzen. Thymian abbrausen und trocken schütteln, die Blätter von den Zweigen zupfen. Die Weintrauben waschen und von den Stielen zupfen.

4 Den Backofen auf 200° vorheizen. Ein tiefes Backblech mit Backpapier auslegen. Teig auf einer leicht bemehlten Arbeitsfläche nochmals gut durchkneten, dann auf die Größe des Blechs ausrollen, dabei den Rand etwas dicker lassen. Den Teig auf das Blech legen und an den Seiten rundherum einen Rand formen. Den Teig mit einer Gabel mehrmals einstechen.

5 Die Zwiebeln mit den Trauben und dem Thymian vermischen, Schimmelkäse dazubröckeln und untermengen. Die Zwiebelmischung auf dem Teig verteilen, die Eiermilch darübergießen. Den Zwiebelkuchen im Ofen (unten) in ca. 40 Min. goldbraun backen. Wird er zu dunkel, eventuell mit Backpapier abdecken.

RUSSISCHE PIROSCHKI

WER SAGT, DASS ES RAVIOLI NUR AM MITTELMEER GIBT? AUS RUSSLAND KOMMT EINE PFIFFIGE VARIANTE. DIE BACKT PRAKTISCHERWEISE IM OFEN. IST EINFACH MIT DER HAND ZU ESSEN. UND SCHMECKT SOGAR KALT.

▼

FÜR CA. 12 STÜCK

FÜR DEN TEIG

250 g Mehl (Type 550) | ½ TL Salz
½ Würfel Hefe (ca. 20 g)
3 EL weiche Butter
1 Ei (Größe M)

FÜR DIE FÜLLUNG

1 Knoblauchzehe | 1 Zwiebel
2 EL Sonnenblumenöl
200 g gemischtes Hackfleisch
100 g Sauerkraut
¼ TL Kümmelsamen
1 TL edelsüßes Paprikapulver
3 EL saure Sahne
Salz | Pfeffer

AUSSERDEM

Backpapier | Mehl zum Arbeiten
1 Eigelb (Größe M)
250 g saure Sahne zum Servieren

ZUBEREITUNGSZEIT: 1 ¼ STD.
BACKZEIT: 20 MIN.
PRO STÜCK: CA. 210 KCAL

1 Für den Teig das Mehl und Salz in einer Schüssel mischen. Die Hefe in 80 ml lauwarmes Wasser bröckeln und darin auflösen. Mit der Butter und dem Ei zum Mehl geben. Alles mit den Knethaken des Handrührgeräts zu einem glatten Teig verkneten. (Ist der Teig sehr klebrig, noch etwas Mehl unterarbeiten.) Abgedeckt an einem warmen Ort 45 Min. gehen lassen.

2 Inzwischen für die Füllung den Knoblauch schälen und durch die Presse drücken. Die Zwiebel schälen und fein würfeln. Öl in einer großen Pfanne erhitzen. Knoblauch und Zwiebel darin 2 Min. andünsten. Hackfleisch dazugeben und bei starker Hitze 3 Min. braten. Sauerkraut gut ausdrücken und mit dem Kümmel und dem Paprikapulver zum Hackfleisch geben, 1 Min. mitbraten. Die Mischung abkühlen lassen, dann die saure Sahne untermischen, mit Salz und Pfeffer würzen.

3 Den Backofen auf 220° vorheizen. Ein Backblech mit Backpapier auslegen. Den Teig auf einer leicht bemehlten Arbeitsfläche nochmals gut durchkneten und ½ cm dick ausrollen. Mit einem Glas oder einer Tasse (10 cm Ø) ca. 12 Kreise ausstechen. Die Teigkreise mit wenig Wasser bepinseln, die Füllung in die Mitte der Kreise setzen. Den Teig über der Füllung zusammenklappen, sodass Halbmonde entstehen, und die Ränder fest zusammendrücken. Mit der Gabel mehrmals einstechen und auf das Blech legen.

4 Das Eigelb mit 1 EL Wasser glatt verquirlen und die gefüllten Piroschki damit gleichmäßig einstreichen. Im Ofen (2. Schiene von unten) in ca. 20 Min. goldbraun backen. Mit der sauren Sahne servieren.

UNGARISCHE LANGOS

WER WEIHNACHTSMÄRKTE MAG, KENNT UNGARISCHE LANGOS. DIE SIND BEI UNS JETZT IM TREND. LIEGT JA AUCH AUF DER HAND: WAS HEISS AUS DEM OFEN KOMMT, LECKER DUFTET UND EASY ZU ESSEN IST, WIRD AUCH GERN EINVERLEIBT!

▼

FÜR 6 PERSONEN

FÜR DEN TEIG

500 g Mehl (Type 550)
100 ml Milch
1 TL Zucker
½ Würfel Hefe (ca. 20 g)
½ TL Salz
2 EL weiche Butter

FÜR DEN BELAG

250 g saure Sahne
Salz | Pfeffer
5 Stängel glatte Petersilie
150 g durchwachsener Räucherspeck (am Stück)
1 Zwiebel
1 Knoblauchzehe
2 EL Butter

AUSSERDEM

1 l neutrales Pflanzenöl zum Frittieren
neutrales Pflanzenöl zum Arbeiten

ZUBEREITUNGSZEIT: 1 ½ STD.
PRO PORTION: CA. 670 KCAL

1 Für den Teig das Mehl in eine Schüssel geben, in die Mitte eine Mulde drücken. Milch lauwarm erhitzen und Zucker unterrühren, Hefe hineinbröckeln und auflösen. Hefemilch in die Mulde gießen, mit Mehl bestäuben, abgedeckt an einem warmen Ort 5 Min. gehen lassen.

2 Dann 200 ml lauwarmes Wasser, Salz und Butter zum Mehl geben. Alles zunächst mit den Knethaken des Handrührgeräts, anschließend mit den Händen zu einem glatten, leicht klebrigen Teig verkneten. Abgedeckt an einem warmen Ort 1 Std. gehen lassen.

3 Inzwischen für den Belag die saure Sahne mit Salz und Pfeffer würzen, glatt rühren. Die Petersilie abbrausen und trocken schütteln, die Blätter abzupfen und grob schneiden. Speck ohne Schwarte in kleine Würfel schneiden. Zwiebel schälen und fein würfeln. Knoblauch schälen und in dünne Scheiben schneiden.

4 Backofen auf 100° vorheizen. In einem weiten, hohen Topf das Frittieröl auf 180° erhitzen. Um zu prüfen, ob das Öl heiß genug ist, den Stiel eines Holzkochlöffels hineinhalten. Wenn sich am Stiel sofort kleine Bläschen bilden, ist die Temperatur zum Frittieren richtig.

5 Teig durchkneten, mit geölten Händen in sechs gleich große Stücke teilen und zu 1 cm dicken Fladen formen. Die Fladen portionsweise im Öl in ca. 4 Min. goldbraun frittieren, dabei ab und zu wenden. Herausheben, auf Küchenpapier abtropfen lassen, im Ofen warm halten.

6 Für den Belag die Butter in einer Pfanne zerlassen. Speck und Zwiebel darin 3 Min. anbraten, nach 2 Min. Knoblauch dazugeben. Salzen, pfeffern und die Petersilie untermischen. Langos mit dem Rahm bestreichen und die Speckmischung darauf verteilen.

LATIN LOVER – DIE MISCHUNG MACHT'S: KNACKIGES ÄUSSERES, SAMTWEICHER KERN. UND OBENDRAUF WAS ZUM DAHINSCHMELZEN. GEMIXT MIT EINER PRISE SCHÄRFE. BUNT GARNIERT, KROSS SERVIERT. TEX-MEX IST FASTFOOD VON DER ALLERFEINSTEN SORTE. GEHT SCHNELL, WIRKT NACH. UND SCHMECKT NACH MEHR – WIE EINE FIESTA AM STRAND.

Mit Fleisch!
Burritos
chicken 7,50€
Beef 7,50€
Chorizo 7,50€
Steak 9,00€
Lokito 11,-€
(Steak + Guacamole + Jalapeños)
Quesadillas
chicken 7,00€
Beef 7,00€
Chorizo 7,00€
Steak 9,00€
Enchiladas
Chicken 9,00€
Beef 9,00€
Steak 11,00€
Vegetarisch!
Burritos
Basic 5,00€
Tofu 7,00€
Tofu Chipotle 8,50€
Spinach 7,00€
Seitan 7,50€
Seitan Chipotle 9,00€
Quesadillas
Mushrooms 6,50€
Spinach 6,50€
Nopal 6,50€
Tofu 7,00€
Seitan 7,50€
Enchiladas
Nopal 8,00€
Tofu 8,50€
Seitan 9,00€
Vegan
Burritos
XXX 3,50€
Spinach 6,50€
Tofu 7,00€
Tofu Chipotle 8,00€
Seitan 7,50€
Seitan Chipotle 8,50€
People!!! ... Please! You are not served in 10 minutes, you'll be served in 12 or 15 ... or maybe even 20 minutes ... so relax, we are doing the best we can!!!

Salsa Picante
Tamazula
SRIRACHA HOT CHILLI

BOHNEN-
TOSTADAS

IN MEXIKO HAT MAN DEN DREH RAUS, WIE MAN WAS GUTES ZAUBERT, DAS LANGE SATT MACHT UND RUCK, ZUCK GEHT, WENN DIE BOHNEN ERST MAL GEGART SIND. SOZUSAGEN DER SPEEDY GONZALEZ UNTER DEN FASTFOOD-RENNERN: KLEIN, ABER OHO!

▼

FÜR 4 PERSONEN

FÜR DIE BOHNEN

150 g getrocknete schwarze Bohnenkerne (aus dem Bio-Supermarkt)
200 g Chorizo (spanische Knoblauchwurst)
2 Knoblauchzehen | 2 EL Olivenöl
je ½ TL gemahlener Koriander und Kreuzkümmel
1 Dose gewürfelte Tomaten (400 g)
Salz | Pfeffer

FÜR DEN SALAT

1 Römersalat | 1 rote Zwiebel | 1 Tomate
2 EL Limettensaft | 2 TL mittelscharfer Senf
2 TL Blütenhonig | 6 EL Olivenöl
Salz | Pfeffer | 1 Bund Koriandergrün
1 EL Butterschmalz | 1 vorgegarter Maiskolben

AUSSERDEM

8 Mais-Tortillafladen | 2 EL Olivenöl
200 g Crème fraîche | 2 EL Milch
Salz | Pfeffer

ZUBEREITUNGSZEIT: 35 MIN.
EINWEICHZEIT: 12 STD.
GARZEIT: 2 STD.
PRO PORTION: CA. 1030 KCAL

1 Die Bohnen 12 Std. (am besten über Nacht) in reichlich kaltem Wasser einweichen. Am nächsten Tag die Bohnen in ein Sieb abgießen, abbrausen, mit reichlich frischem Wasser in einen Topf geben. Aufkochen und bei mittlerer Hitze abgedeckt in 1 ½–2 Std. gar kochen.

2 Salatblätter ablösen, waschen, trocken schleudern und in kleine Stücke zupfen. Zwiebel schälen, in feine Ringe hobeln. Die Tomate waschen und klein würfeln, dabei den Stielansatz entfernen. Limettensaft, Senf, Honig und Öl verquirlen. Mit Salz und Pfeffer würzen. Koriandergrün abbrausen und trocken schütteln, die Blätter abzupfen. Schmalz in einer Pfanne zerlassen. Darin den Maiskolben bei starker Hitze rundherum braun braten. Salzen, pfeffern und abkühlen lassen.

3 Backofen auf 220° vorheizen. Bohnen in ein Sieb abgießen und abtropfen lassen. Wursthaut abziehen und Chorizo in ca. 2 cm dicke Scheiben schneiden. Knoblauch schälen und durchpressen. Öl in einem Topf erhitzen. Knoblauch und Chorizo darin kurz anbraten. Gemahlenen Koriander und Kreuzkümmel dazugeben und kurz mitrösten. Die Bohnen und Dosentomaten untermischen, aufkochen und abgedeckt 5–6 Min. bei schwacher Hitze köcheln lassen. Dabei hin und wieder umrühren. Mit Salz und Pfeffer würzen.

4 Fladen auf ein Backblech geben, von beiden Seiten mit Öl einpinseln. Im Ofen (Mitte) 3–4 Min. backen. Die Salatblätter mit Zwiebel, Tomate und Salatsauce mischen. Die Maiskörner vom Kolben schneiden. Crème fraîche mit Milch verquirlen, salzen und pfeffern.

5 Die Bohnen und den angemachten Salat auf den Tortillas anrichten, die Korianderblätter und die Maiskörner darüberstreuen. Crème fraîche dazu servieren.

CROSSOVER-
BRATEN-TACOS

DA WAR DOCH MAL WAS? STIMMT! EIN BAYER WAR MAL KÖNIG VON MEXIKO. DRUM SIND SCHWEINEBRATEN-TACOS AUCH SICHER KEIN SCHMARREN. SONDERN GARANT FÜR EINE HEISSE KÜCHENPARTY: WÄHREND DER BRATEN SCHMORT, STEIGT SCHON MAL DAS FEST!

▼

FÜR 4 PERSONEN

FÜR DEN BRATEN

2 große Bio-Limetten
1 Bio-Grapefruit
3 Knoblauchzehen | 1 rote Chilischote
2 EL Zucker | Salz
6 EL Sonnenblumenöl
1 ½ kg Schweineschulter (mit Knochen und Schwarte)

FÜR DEN SALAT

½ Weißkohl (ca. 400 g)
3 TL Zucker | Salz
3 Möhren | 3 EL Limettensaft
1 EL Sonnenblumenöl
1 EL Crème fraîche
Cayennepfeffer

AUSSERDEM

12 Taco-Shells

ZUBEREITUNGSZEIT: 1 ¼ STD.
MARINIERZEIT: 12 STD.
GARZEIT: 3 STD.
PRO PORTION: CA. 1080 KCAL

1 Für den Braten Zitrusfrüchte heiß waschen, abtrocknen, die Schale fein abreiben. 5 EL Limettensaft (davon 3 EL für den Salat beiseitestellen) und 3 EL Grapefruitsaft auspressen. Knoblauch schälen und durchpressen. Chili putzen, waschen und samt der Kerne fein hacken. Alles mit Zucker, 2 TL Salz und 3 EL Öl verrühren.

2 Die Schwarte der Schweineschulter mit einem sehr scharfen Messer kreuzweise ein-, aber keinesfalls ganz durchschneiden. Den Braten rundherum gut mit Marinade einreiben. Abgedeckt 12 Std. (am besten über Nacht) im Kühlschrank marinieren. Am nächsten Tag einen großen Bräter in den Backofen (2. Schiene von unten) schieben und den Ofen auf 220° vorheizen. Mit Küchenpapier die Marinade vom Fleisch entfernen und das Fleisch trocken tupfen.

3 Restliches Öl in den Bräter geben, darin das Fleisch rundherum 10 Min. kräftig anbraten, dann Schwarte nach oben drehen. Ofentemperatur auf 160° herunterschalten. Braten zugedeckt in ca. 3 Std. weich garen. Dabei ab und zu mit Bratensaft begießen, nach 2 ½ Std. Deckel abnehmen. Fertigen Braten herausnehmen, abkühlen lassen. Ofen ausschalten, Türe schließen.

4 Für den Salat Kohl putzen und fein schneiden. Mit Zucker und ½ TL Salz in eine Schüssel geben, mit den Händen 3 Min. durchkneten. Möhren schälen und grob raspeln, mit Limettensaft, Öl und Crème fraîche unter den Kohl mischen. Mit Salz und Cayennepfeffer würzen.

5 Die Taco-Shells in der Ofenresthitze erwärmen. Von dem Braten die Kruste abnehmen und in grobe Stücke teilen. Knochen und Fett entfernen. Fleisch mit zwei Gabeln zerpflücken, nachsalzen. Die Taco-Shells mit dem Fleisch und dem Salat füllen. Gleich servieren.

SCHARFE

NACHOS MIT DIPS

KENNT JEDER VON DER KINO- UND TANKSTELLEN-THEKE. ABER: DIESE VERSCHÄRFTEN TORTILLA-CHIPS À LA HAUSMARKE SIND VIEL, VIEL BESSER!

▼

FÜR 4 PERSONEN

FÜR DIE GUACAMOLE

1 vollreife Avocado
2 EL Limettensaft | ½ Knoblauchzehe
20 g saure Sahne
Salz | Pfeffer

FÜR DIE PAPAYASALSA

½ Papaya (ca. 200 g)
3 EL Limettensaft | 1 EL Honig
1 Tomate | 2 Frühlingszwiebeln
½ Bund Koriandergrün
3 EL Olivenöl
Salz | Tabasco (nach Belieben)

FÜR DIE CHIPS

300 g Mais-Tortilla-Chips »Natur«
150 g Cheddar
3 EL grüne Jalapeños (in Ringen, aus dem Glas)

AUSSERDEM

180 g saure Sahne zum Servieren

ZUBEREITUNGSZEIT: 1 STD.
BACKZEIT: 8 MIN.
PRO PORTION: CA. 1165 KCAL

1 Den Backofen auf 180° vorheizen. Für die Guacamole die Avocado längs halbieren und den Kern entfernen. Fruchtfleisch mit einem Löffel aus der Schale heben, in einen hohen Mixbecher geben und sofort mit Limettensaft beträufeln. Knoblauch schälen und mit der sauren Sahne dazugeben. Alles mit dem Pürierstab sehr fein pürieren. Mit Salz und Pfeffer würzen.

2 Für die Salsa die Papaya schälen und entkernen. Die Hälfte des Fruchtfleisches grob würfeln und mit Limettensaft und Honig ebenfalls fein pürieren. Übrige Papaya in kleine Würfel schneiden. Tomate waschen und klein würfeln, dabei den Stielansatz entfernen. Die Frühlingszwiebeln putzen, waschen und in feine Ringe schneiden. Koriander abbrausen und trocken schütteln, die Blätter abzupfen und grob hacken. Alles mischen, das Olivenöl unterrühren und die Salsa mit Salz und eventuell Tabasco würzen.

3 Die Tortilla-Chips in eine große, flache Auflaufform geben. Cheddar grob raspeln und mit den Jalapeños gleichmäßig auf den Chips verteilen. Im Ofen (zweite Schiene von unten) ca. 8 Min. backen, bis der Käse geschmolzen ist. Nachos mit der Salsa, der Guacamole und der sauren Sahne servieren.

TIPP

Das Fruchtfleisch der Avocado verfärbt sich recht schnell braun, wenn es an die Luft kommt. Um das zu verhindern, gibt man zum Beispiel Limettensaft zur Guacamole. Geheimtipp vom Profi: Einfach den Avocadokern in die Creme drücken.

NEOGURI
Kimchi
Seafood
Ramyun
NONG SHIM
Korean Ramen -scharf 0,99
Mild-Ramen
Korean Ramen -Mild 0,99
우동
出前一丁
DEMAE RAMEN

0,30 €

DON'T WORRY, BE HAPPY! – LIEBE, GUTE ASIA-SUPPE: DU MACHST ES UNS LEICHT! BIST EINFACH DA, WENN WIR DICH BRAUCHEN. MACHST NIEMALS STRESS. BRAUCHST NICHT VIEL PLATZ. SCHENKST UNS WÄRME. UND EIN GEFÜHL VON DAHEIM. BIST DER FREUND IN DUNKLEN MOMENTEN. DER GLÜCKSTOPF AUS FERNOST, DER UNERSCHÖPFLICH IST!

CHINESISCHE
WAN-TAN-SUPPE

WAS FÜR DIE SCHWABEN DIE MAULTASCHEN UND FÜR DIE ITALIENER DIE RAVIOLI SIND, SIND FÜR DIE CHINESEN DIE WAN TANS! MAN WEISS EBEN ÜBERALL AUF DER WELT, WIE PRAKTISCH NUDELTEIG IST, DEN MAN AUF X-FACHE WEISE FÜLLEN KANN. ALSO RUHIG MAL MIT GARNELEN ODER HUHN PROBIEREN!

▼

FÜR 4 PERSONEN

FÜR DIE WAN TANS

20 quadratische TK-Wan-Tan-Teigblätter (9 x 9 cm)
2 Frühlingszwiebeln | 1 Knoblauchzehe
1 Stück Ingwer (ca. 10 g)
150 g Schweinehackfleisch
1 EL Sojasauce | 1 TL Reisessig
½ TL Zucker | ½ TL helles Sesamöl
1 Ei (Größe M)

FÜR DIE BRÜHE

2 Baby-Pak-Choi | 1 Knoblauchzehe
1 Stück Ingwer (ca. 10 g)
1 EL Sonnenblumenöl | 1 TL helles Sesamöl
1 l Geflügelbrühe | 1 EL Sojasauce
1 EL Mirin (Reiswein)

ZUBEREITUNGSZEIT: 1 STD.
PRO PORTION: CA. 510 KCAL

1 Die Wan-Tan-Blätter auftauen lassen, das dauert rund 30 Min. Inzwischen für die Füllung die Frühlingszwiebeln putzen und waschen, die dunkelgrünen Teile in dünne Ringe schneiden, die hellen Teile fein hacken. Knoblauch und Ingwer schälen, fein hacken und mit den gehackten Zwiebeln sowie den übrigen Zutaten für die Wan Tans gut vermengen.

2 Die Teigblätter ganz vorsichtig vom Stapel abziehen und nebeneinander auf der Arbeitsfläche ausbreiten. In die Mitte jeweils 2 TL Füllung setzen. Die Teigränder mit wenig Wasser einpinseln und so über die Füllung klappen, dass ein Dreieck entsteht.

3 In einem weiten, großen Topf reichlich Wasser aufkochen. Die Teigtaschen hineingeben und aufkochen, dann bei mittlerer Hitze 4–5 Min. garen, bis die Wan Tans an die Oberfläche steigen.

4 Inzwischen für die Brühe den Pak Choi waschen, putzen und je nach Größe der Länge nach halbieren oder vierteln. Knoblauch und Ingwer schälen und fein hacken. Sonnenblumen- und Sesamöl in einem großen Topf erhitzen. Knoblauch und Ingwer darin ca. 1 Min. andünsten. Brühe, Sojasauce, Mirin und den Pak Choi dazugeben. Aufkochen und 5 Min. kochen.

5 Wan Tans mit einer Schaumkelle aus dem Wasser heben, gut abtropfen lassen und auf Suppenschalen verteilen. Die Brühe mit dem Pak Choi darübergeben. Mit den Frühlingszwiebelringen bestreuen.

VIETNAMESISCHE PHO BO

DIESE POWER-SUPPE KANN MAN IN VIETNAM IN JEDER STRASSE KAUFEN. SOGAR MORGENS. WENN MAN SICH SCHLAPP FÜHLT, GIBT'S KEINEN BESSEREN MUNTERMACHER. MUSS JA NICHT GLEICH IN DER FRÜH SEIN. ABER MITTAGS UND ABENDS? NUR HER DAMIT!

▼

FÜR 4 PERSONEN

1 kg Rinderbeinscheiben
1 Stück Ingwer (ca. 30 g)
1 Knoblauchzehe
1 Zwiebel
½ TL schwarze Pfefferkörner
Salz
100 g breite Reisbandnudeln
1 rote Chilischote
2 Frühlingszwiebeln
1 ½ Bio-Limetten
12 Blätter Thai-Basilikum
150 g Rinderfilet
1 EL Sonnenblumenöl
1 Sternanis
1 Nelke
½ Zimtstange
1 EL Sojasauce

AUSSERDEM
Mulltuch

ZUBEREITUNGSZEIT: 1 STD. 20 MIN.
KOCHZEIT: 2 STD.
PRO PORTION: CA. 435 KCAL

1 Die Rinderbeinscheiben in einem großen Topf mit kaltem Wasser bedecken. Langsam erhitzen und aufkochen, dann in ein Sieb abgießen und die Fleischscheiben kalt abbrausen. Zwischendurch den Ingwer schälen und fein hacken, Knoblauch schälen und in dünne Scheiben schneiden. Zwiebel halbieren.

2 Den Topf stark erhitzen. Die Zwiebelhälften mit den Schnittflächen nach unten hineinlegen und kräftig anrösten. Mit 2 l kaltem Wasser aufgießen, die Beinscheiben, den Ingwer, den Knoblauch und die Pfefferkörner dazugeben, wenig salzen. Alles aufkochen und bei schwacher Hitze 2 Std. köcheln lassen. Die Trübstoffe mit einer Schaumkelle ab und zu abnehmen.

3 Die Nudeln nach Packungsanweisung einweichen und garen, dann in ein Sieb abgießen. Chili putzen, entkernen, waschen, fein hacken. Frühlingszwiebeln putzen, waschen, fein schneiden. Die ganze Limette heiß waschen und vierteln, die Limettenhälfte auspressen. Die Basilikumblätter abbrausen und trocken tupfen. Das Rinderfilet in sehr dünne Scheiben schneiden.

4 Beinscheiben und Zwiebel aus der Brühe nehmen, das Fleisch etwas abkühlen lassen. Ein Sieb mit dem Mulltuch auslegen, die Brühe hineingießen und filtern. Das Fleisch der Beinscheiben von den Knochen lösen, große Stücke mundgerecht schneiden.

5 Das Öl in dem Topf erhitzen. Chili und Gewürze kurz darin anrösten. Die Brühe dazugießen und aufkochen. Nudeln, Zwiebeln und das Beinfleisch dazugeben und 3 Min. leicht köcheln lassen. Mit Sojasauce, Limettensaft und Salz würzen. Die Suppe auf Schalen verteilen, das Rinderfilet darauf anrichten, Basilikum darüberstreuen. Mit den Limettenvierteln servieren.

WÄRMENDE GLASNUDELSUPPE

PERFEKTES FASTFOOD KOCHT MAN VOR. UND HAT'S PARAT, WENN MAN'S BRAUCHT. DESHALB SIND SUPPENTÖPFE AUCH DIE IDEALEN TISCHLEIN-DECK-DICHS. UND DAS BESTE DARAN: SIE LASSEN NIEMANDEN KALT!

▼

FÜR 4 PERSONEN

FÜR DIE BÄLLCHEN

½ rote Chilischote
2 Knoblauchzehen
300 g Schweinehackfleisch
1 Eiweiß (Größe M)
1 EL Austernsauce

FÜR DIE RÖSTZWIEBELN

3 Schalotten | 3 EL Mehl
100 ml neutrales Pflanzenöl
Salz

AUSSERDEM

100 g feine Glasnudeln
1 Frühlingszwiebel
2 Knoblauchzehen
1 Stück Ingwer (ca. 20 g)
100 g Shiitake-Pilze
1 Bund Koriandergrün
2 EL neutrales Pflanzenöl
1 l Hühnerbrühe | 1 TL Fischsauce
2 TL helle Sojasauce
Chiliflocken zum Servieren

ZUBEREITUNGSZEIT: 50 MIN.
PRO PORTION: CA. 400 KCAL

1 Für die Bällchen die Chili putzen, nach Belieben entkernen, waschen und fein hacken. Den Knoblauch schälen und durch die Presse drücken. Beides mit dem Hackfleisch, dem Eiweiß und der Austernsauce gründlich vermengen. Abgedeckt kalt stellen.

2 Für die Röstzwiebeln Schalotten schälen, in dünne Ringe hobeln, gleichmäßig mit dem Mehl bestäuben und kurz durchmischen. Das Öl in einem Wok oder in einer Pfanne erhitzen. Die Schalottenringe darin goldbraun braten, herausnehmen und auf Küchenpapier abtropfen lassen. Mit Salz würzen.

3 Glasnudeln nach Packungsanweisung einweichen, garen, abschrecken und abtropfen lassen, dann mit der Küchenschere in ca. 7 cm lange Stücke schneiden. Die Frühlingszwiebel putzen, waschen und fein hacken. Den Knoblauch und Ingwer schälen und ebenfalls fein hacken. Die Pilze putzen, dabei die Stiele entfernen. Pilzköpfe in 1 cm breite Streifen schneiden. Koriander abbrausen, trocken schütten und die Blätter abzupfen.

4 Das Öl in einem Topf erhitzen. Die Frühlingszwiebel, den Knoblauch und Ingwer darin 1 Min. andünsten. Die Hühnerbrühe dazugießen und aufkochen, die Shiitake dazugeben. Von der Hackmasse mit einem Teelöffel kleine Bällchen abstechen und in die Brühe geben, bei schwacher Hitze 10 Min. leicht köcheln lassen. Brühe mit Fisch- und Sojasauce abschmecken.

5 Die Nudeln auf tiefe Suppenschalen verteilen. Die Brühe samt Bällchen und Pilzen darübergeben. Mit den Korianderblättern und Röstzwiebeln garnieren. Mit den Chiliflocken zum Nachschärfen servieren.

GARNELEN-FISCH-LAKSA

SÜDOSTASIATISCHE KÜCHE VOM FEINSTEN: LAKSA IST NICHT NUR EINE EINFACHE NUDELSUPPE, IN DIESEM GERICHT VEREINEN SICH TRAUMHAFTE AROMEN DER GANZEN REGION ZU EINEM ÄUSSERST SCHMACKHAFTEN GANZEN. NICHT NUR ETWAS FÜR KENNER UND LIEBHABER!

▼

FÜR 4 PERSONEN

150 g Reisfadennudeln
2 Knoblauchzehen
1 Stück Ingwer (ca. 20 g)
2 EL Sonnenblumenöl
1 Tütchen rote Thai-Currypaste (50 g)
200 ml Gemüsebrühe
400 ml Kokosmilch
150 g Baby-Maiskolben (aus dem Glas)
100 g Zuckerschoten
300 g Seelachsfilet
200 geschälte, rohe Bio-Garnelen
3 EL TK-Erbsen
50 g geröstete Erdnusskerne
½ Bund Koriandergrün
3 EL Limettensaft
Salz

AUSSERDEM

Sambal Oelek zum Servieren

ZUBEREITUNGSZEIT: 30 MIN.
PRO PORTION: CA. 595 KCAL

1 Die Reisnudeln nach Packungsanweisung garen, abschrecken und abtropfen lassen.

2 Inzwischen den Knoblauch und Ingwer schälen und fein hacken. Das Öl in einem Topf erhitzen. Die Currypaste, Ingwer und Knoblauch dazugeben, alles kurz anrösten. Gemüsebrühe und Kokosmilch dazugießen, aufkochen und 5 Min. bei mittlerer Hitze kochen.

3 Inzwischen die Maiskolben abtropfen lassen und längs halbieren. Die Zuckerschoten waschen und schräg halbieren. Das Seelachsfilet in ca. 4 cm große Würfel schneiden. Die Garnelen entlang des Rückens leicht einschneiden und den Darm herauslösen. Die Garnelen waschen und mit Küchenpapier trocken tupfen.

4 Den Mais, die Zuckerschoten, die Erbsen, den Fisch und die Garnelen zur Laksa geben. Aufkochen und bei schwacher Hitze 4–5 Min. sanft köcheln lassen. Inzwischen die Erdnüsse grob hacken. Den Koriander abbrausen, trocken schütteln und die Blätter abzupfen.

5 Die Laksa mit Limettensaft und Salz würzen. Die Reisnudeln auf tiefe Suppenschalen verteilen, Laksa daraufgeben. Mit Koriander und Erdnüssen bestreuen. Sambal Oelek dazu servieren.

TIPP

Die Currypaste gibt es im sehr gut sortierten Supermarkt in kleinen Portionspäckchen. Falls Sie die Paste öfter verwenden, lohnt es sich, eine größere Dose im Asia-Markt zu kaufen.

HÄHNCHEN-
KOKOSSUPPE

BEI EINER THAILÄNDISCHEN TOM KHA GAI MÖCHTE NIEMAND GROSSE EXPERIMENTE MACHEN. DIE SUPPE SCHMECKT, WIE SIE IST. UND DARUM GIBT ES SIE BEI UNS AUCH KLASSISCH, OHNE GROSSES CHICHI.

▼

FÜR 4 PERSONEN

200 g Hähnchenbrustfilet
150 g Kirschtomaten
2 Stangen Zitronengras
2 rote Chilischoten
150 g Champignons
1 Stück Galgant (ca. 30 g, ersatzweise Ingwer)
3 Kaffir-Limettenblätter
1 Bund Koriandergrün
400 ml Kokosmilch
Salz
2 EL Limettensaft
2 EL Fischsauce

ZUBEREITUNGSZEIT: 40 MIN.
PRO PORTION: CA. 105 KCAL

1 Das Hähnchenbrustfilet waschen und mit Küchenpapier trocken tupfen. Das Filet mit ½ l Wasser in einen Topf geben. Langsam aufkochen und dann 20 Min. bei schwacher Hitze sanft köcheln. Aufsteigendes Eiweiß mit einer Schaumkelle abnehmen.

2 Inzwischen Tomaten waschen und achteln. Äußerste Blätter des Zitronengrases entfernen und die Stangen waschen. Das Zitronengras mit einem Nudelholz oder einem kleinen, schweren Topf weich klopfen. Die Chilischoten putzen, längs halbieren, entkernen, waschen. Die Champignons putzen und in 8 mm dicke Scheiben schneiden. Galgant schälen und ebenfalls in dünne Scheiben schneiden. Die Limettenblätter abbrausen und trocken tupfen. Koriander abbrausen und trocken schütteln, die Blätter von den Stängeln zupfen.

3 Das Fleisch aus der Brühe nehmen und etwas abkühlen lassen. Die Brühe mit so viel Wasser auffüllen, dass es 600 ml Flüssigkeit ergibt. Die Kokosmilch mit Tomaten, Zitronengras, Chilischoten, Pilzen, Galgant und Limettenblättern dazugeben und alles aufkochen. Suppe bei mittlerer Hitze 5 Min. offen kochen, salzen. Das Hähnchenfleisch in mundgerechte Stücke zupfen.

4 Die Kokossuppe mit Limettensaft und Fischsauce würzen. Das Hähnchenfleisch und die Hälfte der Korianderblätter in die Suppe geben und erwärmen. Dann Zitronengras aus der Suppe nehmen (wer mag, entfernt auch Galgant und Limettenblätter) und restlichen Koriander daraufstreuen. Sofort servieren.

CHINA

EINFACH ABTAUCHEN – DAS LIEGT AUF DER HAND: ASIEN IST SUPER-FASTFOOD-LAND. KURZ WAS IN DER PFANNE RÜHREN. MAL EBEN WAS IN DEN TOPF WERFEN. RÖLLCHEN FORMEN. GEMÜSE IN TEIG TUNKEN. UND AB INS HEISSE FETT! DAZU EIN SÖSSCHEN, WAS FEINES ZUM DIPPEN. EINTAUCHEN IN EINE WELT VOLLER DÜFTE UND AROMEN – EXOTIK TO GO.

SÜSSSAURE PAD THAI

THAI-FASTFOOD MIT EINEM GOODIE OBENDRAUF. DENN BRATNUDELN SIND ANTI-STRESS-NUDELN. SCHON WENN SIE IN DER PFANNE RÖSTEN UND GOLDBRAUN WERDEN: DAS REINSTE VERGNÜGEN. DAZU FRISCHE KRÄUTER: EIN SEELENSCHMAUS FÜR AUGEN UND GAUMEN!

▼

FÜR 4 PERSONEN

250 g Reisbandnudeln
250 g fester Tofu
3 Frühlingszwiebeln
100 g Mungobohnensprossen
3 Knoblauchzehen
50 g gesalzene, geröstete Erdnüsse
1 Bund Koriandergrün
2–3 große, saftige Limetten
4 Eier (Größe M)
5 EL neutrales Pflanzenöl
60 ml Fischsauce
2 EL Rohrohrzucker
Salz

AUSSERDEM

Fischsauce und süßscharfe Chilisauce (fertig gekauft oder selbst gemacht, S. 16) zum Servieren

ZUBEREITUNGSZEIT: 40 MIN.
PRO PORTION: CA. 610 KCAL

1 Die Nudeln nach Packungsanweisung einweichen, dann in ein Sieb abgießen. Den Tofu in ca. 1 cm große Würfel schneiden.

2 Die Frühlingszwiebeln putzen, waschen und in feine Ringe schneiden. Die Sprossen waschen und gut abtropfen lassen. Den Knoblauch schälen und grob hacken, die Erdnüsse ebenfalls grob hacken. Den Koriander abbrausen und trocken schütteln, die Blätter abzupfen. 1 Limette vierteln, die restlichen Limetten auspressen (es sollten 60 ml Saft werden). Die Eier in einer kleinen Schüssel verquirlen.

3 Einen Wok auf dem Herd stark erhitzen, dann 2 EL Öl hineingeben und durchschwenken. Tofu darin rundherum in ca. 3 Min. hellbraun braten, herausnehmen und auf einen Teller geben. 1 weiteren EL Öl in den Wok geben. Verquirltes Ei dazugeben und stocken lassen, nach ½ Min. wenden und nochmals ½ Min. braten. Mit dem Pfannenwender in Stücke teilen und zum Tofu geben. Wok mit Küchenpapier gründlich auswischen.

4 Das übrige Öl im Wok erhitzen. Die Nudeln, den Knoblauch und die Sprossen dazugeben und ca. 1 Min. bei starker Hitze braten. Limettensaft, Fischsauce und Zucker unterrühren und alles ca. 4 Min. unter Rühren weiterbraten. Die Hälfte der Erdnüsse und Frühlingszwiebeln mit dem Tofu und dem Ei unterrühren, kurz erhitzen. Mit Salz würzen.

5 Die Pad Thai auf Tellern anrichten und mit den restlichen Frühlingszwiebeln und Erdnüssen bestreuen. Mit dem Koriander garnieren. Mit den Limettenvierteln, Fisch- und Chilisauce servieren.

CHINESISCHE
CHOW MEIN

»FETT, FETT, BRAT, BRAT«: HIER HÄTTE LORIOT SEINE HELLE FREUDE DARAN! ABER WIR NEHMEN NATÜRLICH FEINES ÖL UND BRATEN MIT LIEBE UND KENNERSCHAFT. DAS ERGEBNIS? IST NICHT NUR GESCHMACKLICH DIE SCHAU.

▼

FÜR 4 PERSONEN

350 g chinesische Eiernudeln
4 Frühlingszwiebeln
½ rote Chilischote
2 Knoblauchzehen
1 Stück Ingwer (ca. 30 g)
150 g Baby-Blattspinat
1 vollreife Mango
100 g Champignons
500 g Schweinefilet
4 EL Erdnussöl (ersatzweise Sonnenblumenöl)
6 EL Sojasauce
1 TL Speisestärke
1 TL dunkles, geröstetes Sesamöl (zum Würzen)
Salz

ZUBEREITUNGSZEIT: 1 STD.
PRO PORTION: CA. 605 KCAL

1 Die Eiernudeln nach Packungsanweisung garen (die Mindestgarzeit nehmen!), dann sofort in ein Sieb abschütten, kalt abschrecken und abtropfen lassen. Die Frühlingszwiebeln putzen und waschen. 2 Frühlingszwiebeln sehr schräg in dünne Ringe schneiden und in eiskaltes Wasser legen. Restliche Frühlingszwiebeln fein schneiden.

2 Die Chili putzen, entkernen und waschen. Knoblauch und den Ingwer schälen. Alles zusammen fein hacken. Den Spinat waschen und trocken schleudern. Die Mango schälen, Fruchtfleisch vom Kern schneiden und grob würfeln. Champignons putzen und in dünne Scheiben schneiden. Das Schweinefilet ebenfalls in dünne Scheiben schneiden.

3 Einen Wok oder eine große Pfanne stark erhitzen. Dann 2 EL Erdnussöl hineingeben und durchschwenken. Das Schweinefilet darin mit der Hälfte der Knoblauchmischung unter Rühren 4–5 Min. stark anbraten. Herausnehmen, Wok oder Pfanne auswischen.

4 Übriges Erdnussöl im Wok oder der Pfanne erhitzen. Champignons, restliche Knoblauchmischung und die Mango dazugeben. Unter Rühren 3 Min. braten. Die Nudeln, die fein geschnittenen Frühlingszwiebeln und den Spinat untermischen und weitere 3 Min. braten.

5 Das Fleisch wieder dazugeben und erwärmen. Sojasauce mit der Stärke verrühren, dazugießen und alles unter Rühren aufkochen. Mit dem Sesamöl und Salz würzen. Die Frühlingszwiebelringe gut abtropfen lassen und auf den Nudeln anrichten.

JUICE

INDONESISCHES NASI GORENG

ES GIBT REIS, BABY, UND WAS FÜR WELCHEN! DEN VON DER PRAKTISCHEN SORTE, DER SCHON AM VORTAG GEKOCHT WURDE. DA GEHT BEIM BRATEN ALLES FIXFERTIG VON DER HAND. UND DER REIS WIRD EXTRA KNUSPRIG UND CRISPY!

▼

FÜR 4 PERSONEN

FÜR DIE RÖSTZWIEBELN

3 Schalotten
3 EL Mehl
100 ml neutrales Pflanzenöl
Salz

FÜR DEN REIS

200 g geschälte, rohe Bio-Garnelen
2 Knoblauchzehen
1 ½ rote Chilischoten
5 Frühlingszwiebeln
250 g Hähnchenbrustfilet
5 EL neutrales Pflanzenöl
450 g gegarter Basmati-Reis (vom Vortag, entspricht ca. 220 g ungegarten Reiskörnern)
4 Eier (Größe M)
3 EL helle Sojasauce
3 EL Ketjab Manis (süße Sojasauce)

ZUBEREITUNGSZEIT: 40 MIN.
PRO PORTION: CA. 650 KCAL

1 Für die Röstzwiebeln Schalotten schälen, in dünne Ringe hobeln, mit dem Mehl bestäuben und kurz durchmischen. Öl im Wok oder in einer Pfanne erhitzen. Schalottenringe darin goldbraun braten, herausnehmen und auf Küchenpapier abtropfen lassen. Mit Salz würzen.

2 Für den Reis die Garnelen entlang des Rückens leicht einschneiden und den Darm herauslösen. Die Garnelen waschen und trocken tupfen. Knoblauch schälen und durch die Presse drücken. Die Chilischoten putzen, entkernen, waschen und in feine Streifen schneiden. Frühlingszwiebeln putzen, waschen, längs halbieren und in 6 cm lange Stücke schneiden. Das Hähnchenbrustfilet waschen, mit Küchenpapier trocken tupfen und in 2 cm große Stücke schneiden.

3 Den Wok oder die Pfanne wieder erhitzen und 1 EL Öl hineingeben. Die Garnelen darin bei mittlerer Hitze auf jeder Seite 1–2 Min. braten, bis sie sich rosa verfärben. Herausnehmen und in eine Schüssel geben.

4 Den Wok oder die Pfanne stark erhitzen. 2 EL Öl hineingeben und durchschwenken. Darin das Hähnchenfilet in 4–5 Min. unter ständigem Rühren knusprig braten. Knoblauch, Chili und Frühlingszwiebeln dazugeben, 1 Min. mitbraten. Den Reis untermischen und unter Rühren in ca. 4 Min. knusprig braten.

5 Inzwischen in einer zweiten Pfanne das restliche Öl erhitzen. Die Eier hineinschlagen und bei mittlerer Hitze in 2–3 Min. zu Spiegeleiern braten.

6 Den Reis mit Sojasauce und Ketjab Manis würzen. Garnelen untermischen und im Reis erwärmen. Nasi Goreng auf Teller verteilen, die Spiegeleier und die Röstzwiebeln darauf anrichten.

SESAMWÜRZIGE YAKI UDON

PERFEKT FÜR DIE BENTO-BOX: YAKI UDON, DER KLASSIKER AUS JAPAN. WAS DAS IST? BESONDERS LECKERE NUDELN MIT MARINIERTEM FLEISCH UND GEMÜSE GEBRATEN. DER CLOU DABEI: EINGELEGTER INGWER UND WÜRZIGES, GERÖSTETES SESAMÖL.

▼

FÜR 4 PERSONEN

500 g Schweinefilet
3 EL helle Sojasauce
1 EL Mirin (süßer Reiswein)
1 EL Sake (Reiswein)
2 Möhren
100 g Shiitake-Pilze
3 Frühlingszwiebeln
150 g Baby-Blattspinat
400 g Udon-Nudeln
1 Noriblatt (nach Belieben)
1 EL schwarze Sesamsamen
2 EL Sonnenblumenöl
2 TL Zucker
½–1 TL dunkles, geröstetes Sesamöl (zum Würzen)
50 g Gari (eingelegter rosa Sushi-Ingwer)

ZUBEREITUNGSZEIT: 45 MIN.
MARINIERTZEIT: 1 STD.
PRO PORTION: CA. 620 KCAL

1 Das Schweinefilet in möglichst dünne Scheiben schneiden. Die Sojasauce mit dem Mirin und dem Sake in einer Schüssel verrühren, die Fleischscheiben dazugeben und gut untermischen. Abdecken und das Filet mind. 1 Std. kalt stellen und marinieren.

2 Die Möhren schälen, längs halbieren und quer in dünne Scheiben schneiden. Die Pilze putzen, dabei die Stiele entfernen. Pilzköpfe in ½ cm breite Streifen schneiden. Die Frühlingszwiebeln putzen und waschen. Die grünen Teile der Zwiebeln sehr schräg in dünne Ringe schneiden und in eiskaltes Wasser legen, die weißen Teile fein schneiden. Spinat putzen, waschen und in einem Sieb abtropfen lassen.

3 Die Udon-Nudeln nach Packungsanweisung garen, abschrecken und abtropfen lassen. Nach Belieben das Noriblatt vierteln und in sehr feine Streifen schneiden. Sesamsamen in einem Wok oder in der Pfanne ohne Fett rösten, bis sie anfangen zu duften. Herausnehmen.

4 Den Wok oder die Pfanne stark erhitzen, Sonnenblumenöl hineingeben und gut durchschwenken. Das Fleisch mit der Marinade dazugeben und ca. 4 Min. pfannenrühren. Fein geschnittene weiße Frühlingszwiebeln, Pilze, Möhren, Spinat und die Nudeln dazugeben und alles weitere 4 Min. unter Rühren braten. Mit Zucker und Sesamöl abschmecken.

5 Den eingelegten Ingwer und die grünen Zwiebelringe abtropfen lassen. Die Yaki Udon auf Tellern anrichten und jeweils etwas Gari, Frühlingszwiebeln, Sesam und eventuell Nori darübergeben.

KNUSPRIGE TEMPURA

DAS IST DIE JAPANISCHE VARIANTE DES FRITTIERENS. DIE IDEE KAM VON DEN PORTUGIESEN. SIE BRACHTEN DAS REZEPT VOR LANGER ZEIT NACH JAPAN. SEITHER IST TEMPURATEIG DORT DER WELTMEISTER UNTER DEN KNUSPERSTARS – EINFACH UNERREICHT.

▼

FÜR 4 PERSONEN

FÜR DEN RETTICHDIP

5 EL Sojasauce
5 EL Mirin (süßer Reiswein)
80 ml Fischfond (aus dem Glas)
½ TL Zucker
1 Stück Ingwer (ca. 50 g)
150 g Daikon-Rettich (ersatzweise herkömmlicher Rettich)

FÜR DIE TEMPURA

8 rohe Bio-Garnelen (ohne Kopf, bis auf die Schwanzflosse geschält)
4 kleine Austernpilze | 4 Frühlingszwiebeln
2 Möhren | 8 große Basilikumblätter
50 g Mehl | 50 g Speisestärke
½ TL Backpulver | 1 Eigelb (Größe M)

AUSSERDEM

800 ml neutrales Pflanzenöl zum Frittieren

ZUBEREITUNGSZEIT: 50 MIN.
PRO PORTION: CA. 295 KCAL

1 Für den Dip Sojasauce, Mirin, Fischfond und Zucker in einem Topf verrühren. Bei mittlerer Hitze erwärmen, bis sich der Zucker aufgelöst hat. In vier Schälchen verteilen, kalt stellen. Den Ingwer und Rettich schälen, getrennt voneinander fein reiben, gut ausdrücken und zu je vier Türmchen formen. Abgedeckt kalt stellen.

2 Für die Tempura die Garnelen entlang des Rückens leicht einschneiden und den Darm herauslösen. Garnelen waschen und trocken tupfen. Die Pilze putzen. Die Frühlingszwiebeln putzen, waschen und in 8 cm lange Stücke schneiden. Möhren schälen und längs vierteln. Die Basilikumblätter abbrausen und trocken tupfen.

3 Den Backofen auf 100° vorheizen, dabei ein Backblech hineinschieben (Mitte). In einem weiten, hohen Topf das Frittieröl auf 180° erhitzen. Um zu prüfen, ob das Öl heiß genug ist, den Stiel eines Holzkochlöffels hineinhalten. Wenn sich an dem Stiel sofort kleine Bläschen bilden, ist die Temperatur zum Frittieren richtig.

4 Mehl, Stärke und Backpulver mischen. 200 ml eiskaltes Wasser mit Eigelb, dann mit der Mehlmischung nur kurz verrühren (der Teig darf Klümpchen haben).

5 Nacheinander die Garnelen durch den Teig ziehen, ins heiße Öl geben und in 3–4 Min. knusprig frittieren. Auf Küchenpapier abtropfen lassen, auf das Blech im Ofen geben und warm halten. Dann die vorbereiteten Gemüse wie beschrieben frittieren und im Ofen warm halten, bis alles fertig ist. Zum Schluss noch die Basilikumblätter ganz kurz frittieren.

6 Die Tempura auf Tellern anrichten und servieren. Dazu für jeden ein Dipschälchen und zum Nachwürzen des Dips die Ingwer- und Rettichtürmchen reichen.

HÄHNCHEN-
SATÉ-SPIESSE

SUPER ALS FINGERFOOD BEI EINEM BÜFETT. ODER ALS AUFTAKT ZU EINEM ASIA-MENÜ. UND IMMER WIEDER GERN: EINFACH SO. WEIL SIE HINREISSEND SCHMECKEN. EIN BISSCHEN NACH KARAMELL. UND WEIL DAS DIPPEN EINFACH SO VIEL SPASS MACHT.

▼

FÜR 4 PERSONEN

FÜR DIE SPIESSE

2 Stangen Zitronengras
2 rote Chilischoten
1 kleine Zwiebel | 3 Knoblauchzehen
2 TL Koriandersamen
50 ml Kokosmilch
2 EL helle Sojasauce | ½ TL Salz
500 g Hähnchenbrustfilet
2–3 EL neutrales Pflanzenöl

FÜR DIE ERDNUSS-SAUCE

400 ml Kokosmilch | 1 EL gelbe Currypaste
200 g Erdnusscreme (mit Stückchen)
1 EL Limettensaft

AUSSERDEM

20 lange Holz- oder Bambusspieße

ZUBEREITUNGSZEIT: 40 MIN.
MARINIERZEIT: 4 STD.
GARZEIT: 20 MIN.
PRO PORTION: CA. 585 KCAL

1 Für die Spieße äußerste Blätter des Zitronengrases entfernen, die Stangen waschen und in feine Ringe schneiden. Die Chilischoten putzen, entkernen und waschen, Zwiebel und Knoblauch schälen, alles klein schneiden. Vorbereitete Zutaten mit Koriander, Kokosmilch, Sojasauce und Salz in einen elektrischen Blitzhacker geben und zu einer feinen Marinade pürieren.

2 Das Hähnchenbrustfilet waschen und mit Küchenpapier trocken tupfen. Filet der Länge nach in ca. 1 cm breite Streifen schneiden, mit der Marinade in eine Schüssel geben und gut vermischen. Zugedeckt mind. 4 Std. (noch besser über Nacht) kalt stellen und marinieren. Gegen Ende der Marinierzeit die Spieße in eine flache Schale mit Wasser legen und quellen lassen.

3 Für die Erdnuss-Sauce die Kokosmilch mit der Currypaste in einen kleinen Topf geben, aufkochen. Erdnusscreme dazugeben und alles mit einem Schneebesen cremig rühren. Mit Limettensaft abschmecken.

4 Den Backofen auf 80° vorheizen. Die Spieße aus dem Wasser nehmen und trocken tupfen. Die Hähnchenfiletstreifen wellenförmig nicht zu dicht auf die Spieße stecken. Eine große Grillpfanne erhitzen und mit etwas Öl auspinseln. Saté-Spieße darin portionsweise rundherum 4 Min. grillen, auf eine Platte geben und im Ofen warm halten, bis alle Spieße gebraten sind. Mit der Erdnuss-Sauce zum Dippen servieren.

TIPP

Es muss nicht immer Hähnchen sein: Mit Rind- oder Schweinefleisch zubereitet, schmecken diese Spieße ebenfalls köstlich.

WÜRZIGE ASIA-
SPARERIBS

OB ZU HAUSE ODER AN DER IMBISSBUDE: DIESE KNUSPERTEILCHEN DARF, NEIN MUSS MAN MIT DEN FINGERN ESSEN! ABSCHLECKEN AUSDRÜCKLICH ERLAUBT …

▼

FÜR 4 PERSONEN

1,6 kg Schweinerippchen (vom Metzger in Portionsstücke teilen lassen)
1 Stück Ingwer (ca. 20 g)
2 Knoblauchzehen
1 EL helles Sesamöl
2 EL Limettensaft
9 EL helle Sojasauce
100 g flüssiger Honig
7 EL Hoi-Sin-Sauce
1 TL Fünf-Gewürze-Pulver

AUSSERDEM

großer Gefrierbeutel
Backpapier

ZUBEREITUNGSZEIT: 40 MIN.
MARINIERZEIT: 12 STD.
GARZEIT: 2 STD. 20 MIN.
PRO PORTION: CA. 730 KCAL

1 Die Schweinerippchen waschen, um eventuell anhaftende Knochensplitter zu entfernen, und dann mit Küchenpapier sehr gut trocken tupfen. Den Ingwer und Knoblauch schälen. Den Ingwer fein reiben, den Knoblauch durch die Presse drücken.

2 Den Ingwer und den Knoblauch mit Sesamöl, dem Limettensaft, 2 EL Sojasauce und 50 g Honig verrühren. Die Schweinerippchen rundherum mit der Marinade einreiben und in einen großen Gefrierbeutel geben. Den Beutel verschließen und dabei möglichst viel Luft herausstreichen. In den Kühlschrank legen und die Rippchen 12 Std. (am besten über Nacht) marinieren.

3 Am nächsten Tag Backofen auf 150° vorheizen. Ein Backblech mit Backpapier auslegen. Schweinerippchen aus dem Beutel nehmen und mit den gewölbten Seiten nach unten nebeneinander auf das Blech legen. Die Rippchen im Ofen (Mitte) ca. 2 Std. garen, dann die Ofentemperatur auf 180° erhöhen.

4 In einem kleinen Topf die Hoi-Sin-Sauce mit übriger Sojasauce, restlichem Honig und dem Fünf-Gewürze-Pulver verrühren, aufkochen und vom Herd nehmen. Die Rippchen rundherum gleichmäßig mit etwas Honigglasur einstreichen und im Ofen in weiteren 20 Min. gar und knusprig braten. Dabei immer wieder mit der übrigen Glasur einpinseln.

TIPP

Dazu passt die Sweet Chilisauce von S. 16 oder die BBQ-Sauce von S. 17.

VEGETARISCHE SUSHI

WER WILL NOCH MAL, WER HAT NOCH NICHT? SELBST SUSHI-ANFÄNGER KOMMEN HIER INS SCHWÄRMEN, NEIN: ROLLEN. IST JA KEIN F!SCH DRIN. SONDERN KNACKIGES GEMÜSE!

▼

FÜR 24 STÜCK

FÜR DEN REIS

250 g Sushi-Reis
3 EL Genmai Su (Reisessig)
2 EL Mirin (süßer Reiswein)
1 TL Salz
2 TL Zucker

FÜR FÜLLUNG UND HÜLLE

¼ Avocado
1 Mini-Salatgurke
1 Möhre
50 g Rucola (auch fein: Alfalfa- oder Kressesprossen)
3 Noriblätter
1 TL Wasabipaste

AUSSERDEM

Papierfächer (ersatzweise ein Stück Pappe) und 1 Bambusmatte
Sojasauce, Wasabipaste und Gari (eingelegter rosa Sushi-Ingwer) zum Servieren

ZUBEREITUNGSZEIT: 20 MIN.
GARZEIT: 30 MIN.
PRO STÜCK: CA. 65 KCAL

1 Reis in einem Sieb abbrausen, bis das ablaufende Wasser klar bleibt. Mit 375 ml Wasser (oder Menge entsprechend der Packungsanweisung) aufkochen. Dann abgedeckt bei schwacher Hitze 15 Min. quellen lassen. Den Reistopf zur Seite stellen und mit einem Küchentuch bedecken. Reis weitere 15 Min. quellen lassen.

2 Inzwischen Genmai Su, Mirin, Salz und Zucker in einem Topf bei schwacher Hitze erwärmen, bis sich der Zucker aufgelöst hat. Sushi-Essig abkühlen lassen.

3 Den Reis in einer Auflaufform verteilen. Mit einem Holzlöffel durchrühren, sodass sich die Reiskörner voneinander lösen. Sushi-Essig nach und nach dazugeben und dabei ab und zu umrühren. Dabei mit dem Fächer Luft zufächern, bis der Reis Zimmertemperatur erreicht hat. Den Reis mit feuchtem Küchenpapier abdecken.

4 Für die Füllung Avocado schälen, Gurke waschen und beides längs in ca. ½ cm dicke Streifen schneiden. Möhren schälen und längs in möglichst dünne Streifen schneiden. Rucola waschen und trocken schleudern.

5 Nacheinander je 1 Noriblatt auf die Bambusmatte legen und mit angefeuchteten Händen ein Drittel des Reises ca. 1 cm dick darauf verteilen, dabei rundherum einen Rand von 1 cm frei lassen. Im unteren Drittel (auf der Längsseite) den Reis mit etwas Wasabi bestreichen und mit einer Gemüsesorte und je einem Drittel des Rucolas belegen. Mit Hilfe der Matte das Noriblatt von dort aus sehr straff aufrollen. Die Enden ganz dünn mit Wasser einstreichen und gut andrücken.

6 Die Rollen mit einem angefeuchteten, sehr scharfen Messer in je 8 Stücke teilen. Die vegetarischen Sushi mit Sojasauce, Wasabi und Gari servieren.

FRITTIERTE FRÜHLINGSROLLEN

GANZ EASY, GANZ RELAXED: UNSER LIEBLINGS-FINGERFOOD KOMMT FAST OHNE ALLES AUS. OHNE FISCH. OHNE FLEISCH. ABER NATÜRLICH NICHT: OHNE GEMÜSE! UND, GAAAANZ WICHTIG: DIE CHILISAUCE ZUM DIPPEN!

▼

FÜR 20 STÜCK

20 Blätter TK-Frühlingsrollenteig (12 x 12 cm, ca. 120 g)
150 g Weißkohl
½ TL Salz
200 g fester Tofu
1 Stück Ingwer (ca. 10 g)
1 Knoblauchzehe
2 EL Sonnenblumenöl
4 Frühlingszwiebeln
1 Möhre
1 Stange Staudensellerie
3 EL Hoisin-Sauce
1 EL Speisestärke

AUSSERDEM

1 l neutrales Pflanzenöl zum Frittieren
Sweet Chilisauce (fertig gekauft oder selbst gemacht, S. 16) zum Servieren

ZUBEREITUNGSZEIT: 1 STD. 10 MIN.
PRO STÜCK: CA. 75 KCAL

1 Die Teigblätter mit einem angefeuchteten Küchentuch abdecken und in ca. 30 Min. auftauen lassen. Inzwischen den Weißkohl vom Strunk befreien, sehr fein hobeln, in einer Schüssel mit dem Salz vermischen und 3 Min. kräftig mit den Händen durchkneten.

2 Den Tofu in 1 cm große Würfel schneiden. Ingwer und Knoblauch schälen und fein hacken. Sonnenblumenöl in einer Pfanne erhitzen. Den Tofu darin bei mittlerer Hitze rundherum in ca. 4 Min. goldbraun braten. Nach 3 Min. den Ingwer und Knoblauch dazugeben und mitbraten. Herausnehmen, 10 Min. abkühlen lassen.

3 Die Frühlingszwiebeln putzen, waschen und in feine Ringe schneiden. Möhre schälen, quer halbieren und längs in feine Streifen schneiden. Den Sellerie putzen, waschen, quer dritteln und längs in feine Streifen schneiden. Kohl gut ausdrücken, mit Tofu, Frühlingszwiebeln, Möhre, Sellerie und Hoisin-Sauce mischen.

4 Die Stärke mit 1 EL kaltem Wasser verrühren. Teigblätter nebeneinander auf die Arbeitsfläche legen und die Ränder mit Stärkemischung einstreichen. Je 1 EL Füllung auf das untere Drittel der Teigblätter geben. Die freien Teigränder von links und rechts über der Füllung schlagen und die Rollen von der Längsseite her eng aufrollen. Die Teigenden gut andrücken.

5 In einem weiten, hohen Topf das Frittieröl auf 180° erhitzen. Um zu prüfen, ob das Öl heiß genug ist, den Stiel eines Holzkochlöffels hineinhalten. Wenn sich an dem Stiel sofort kleine Bläschen bilden, ist die Temperatur zum Frittieren richtig. Frühlingsrollen portionsweise im heißen Öl in ca. 3 Min. goldbraun ausbacken. Auf Küchenpapier abtropfen lassen. Mit der Chilisauce zum Dippen servieren.

OASEN DER GROSSSTADT – WARMER WIND IM HAAR. UND EINE OASE IM BLICK. MAL EBEN IN DER GROSSSTADTWÜSTE EIN RUHIGES PLÄTZCHEN SUCHEN. EINFACH MAL ABSCHALTEN. DIE GEDANKEN SCHWEIFEN LASSEN. AUCH KLEINE PAUSEN HABEN GROSSE WIRKUNG! JETZT EIN FLADENBROT MIT GEGRILLTEM. DAZU DER DUFT VON SESAM. UND EIN KLACKS JOGHURTSAUCE. ERFRISCHEND, DAS!

ORIENTALISCHE FALAFELN

**MÖHREN IM HUMMUS: SONNE AUF DEM TELLER.
ZIMT IN DEN FALAFELN: MACHT WARM UMS HERZ.
ALLES IN ALLEM: EIN MÄRCHENHAFTES GERICHT!**

▼

FÜR 4 PERSONEN

FÜR DIE FALAFEL

250 g getrocknete Kichererbsen
1 Knoblauchzehe | 1 Zwiebel
5 Stängel glatte Petersilie
2 EL Mehl | 1 TL Meersalz
je ½ TL Zimtpulver, gemahlener Kreuzkümmel und Koriander
1 TL Backpulver

FÜR DAS HUMMUS

3 Möhren (möglichst Moormöhren) | Salz
300 g Kichererbsen (aus der Dose)
2 EL Sesampaste (Tahini)
6 EL Zitronensaft
½ TL gemahlener Kreuzkümmel
1 EL edelsüßes Paprikapulver

AUSSERDEM

200 g griechischer Naturjoghurt
1 EL Sesampaste (Tahini)
1 EL Fenchelsamen | 4 EL Olivenöl
1 l neutrales Pflanzenöl zum Frittieren
4 dünne Fladenbrote

ZUBEREITUNGSZEIT: 1 STD. 20 MIN.
EINWEICHZEIT: 12 STD.
PRO PORTION: CA. 745 KCAL

1 Für die Falafeln die Kichererbsen in reichlich Wasser 12 Std. einweichen. Dann Erbsen in ein Sieb abgießen und abbrausen. Knoblauch und Zwiebel schälen, fein würfeln. Petersilie abbrausen, trocken schütteln und die Blätter mit Knoblauch und Erbsen im elektrischen Blitzhacker feinstückig pürieren. Zwiebel mit Mehl, Salz und Gewürzen unter die Erbsenmasse mengen. Backpulver mit 3 EL Wasser verrühren und ebenfalls untermischen. Die Masse abgedeckt 1 Std. kalt stellen.

2 Inzwischen für das Hummus die Möhren schälen, in 2 cm große Stücke schneiden und in wenig Salzwasser abgedeckt in 20–25 Min. weich dünsten. Das Wasser abgießen und die Möhren kurz abkühlen lassen. Die Kichererbsen in ein Sieb abgießen, abbrausen und abtropfen lassen. Mit Möhren, Sesampaste, Zitronensaft und Kreuzkümmel im Blitzhacker fein pürieren. 80 ml kaltes Wasser unterrühen und das Hummus mit Salz würzen, Paprikapulver aufstreuen. Kalt stellen.

3 Den Joghurt mit Sesampaste verrühren. Die Fenchelsamen in einer Pfanne rösten, bis sie duften, dann das Olivenöl dazugeben. Fenchelöl abkühlen lassen.

4 In einem weiten, hohen Topf das Frittieröl auf 180° erhitzen. Um zu prüfen, ob das Öl heiß genug ist, den Stiel eines Holzkochlöffels hineinhalten. Wenn sich an dem Stiel sofort kleine Bläschen bilden, ist die Temperatur zum Frittieren richtig.

5 Aus der Falafelmasse zwölf Bällchen formen und leicht flach drücken. Die Falafeln portionsweise in dem Öl in 4–5 Min. knusprig frittieren. Falafeln mit einer Schaumkelle herausheben und auf Küchenpapier abtropfen lassen. Mit Hummus, Joghurtsauce, Fenchelöl und den Fladen servieren.

TÜRKISCHE RINDFLEISCHSPIESSE

NOCH 1001-MAL BESSER: DIE SPIESSE ÜBER HOLZKOHLE GRILLEN. GEHT ZWAR NICHT SCHNELL, IST ABER DER GRÖSSERE SPASS. BEIM BRUTZELN, WEIL'S TOLL DUFTET. BEIM ESSEN, WEIL'S SCHMECKT – WIE AM LAGERFEUER.

▼

FÜR 4 PERSONEN

FÜR DIE SPIESSE

600 g Rinderhüftsteaks (je ca. 3 cm dick)
2 Knoblauchzehen | 1/4 TL Chilipulver
je 1/2 TL Zimtpulver, gemahlener Kreuzkümmel und edelsüßes Paprikapulver
1 TL Sumak (gemahlene, getrocknete Steinfrüchte des Sumach-Strauchs)
7 EL Olivenöl | Salz
2 EL neutrales Pflanzenöl

FÜR DEN KISIR

1 Zwiebel | 1 Knoblauchzehe
4 getrocknete Aprikosen
4 EL Olivenöl | 3 EL Tomatenmark
1 TL gemahlener Kreuzkümmel
1/2 TL Zimtpulver
200 g Bulgur | Salz

AUSSERDEM

80 g gesalzene, geröstete Pistazienkerne
8 lange Metallspieße
200 g griechischer Naturjoghurt
1 TL Sumak (siehe oben)

ZUBEREITUNGSZEIT: 1 1/2 STD.
PRO PORTION: CA. 865 KCAL

1 Für die Spieße das Fleisch von den Sehnen befreien und in 3 cm große Würfel schneiden. Den Knoblauch schälen und durch die Presse drücken. Mit Chili, Zimt, Kreuzkümmel, Paprika, Sumak, Olivenöl und 1/2 TL Salz verrühren. Von dem Gewürzöl 4 EL abnehmen und fürs Anrichten zur Seite stellen. Restliches Gewürzöl mit dem Fleisch vermischen, abgedeckt 1 Std. kalt stellen.

2 Inzwischen für den Kisir die Zwiebel schälen und klein würfeln. Den Knoblauch schälen und durch die Presse drücken. Aprikosen ebenfalls klein würfeln. In einem Topf 2 EL Öl erhitzen. Zwiebel und Knoblauch darin 2 Min. andünsten. Tomatenmark, Kreuzkümmel und Zimt dazugeben und kurz mitdünsten. Den Bulgur, Aprikosen und 1/2 l Wasser untermischen, aufkochen und abgedeckt bei schwacher Hitze nach Packungsanweisung ca. 10 Min. leise köcheln lassen.

3 Den Kisir vom Herd nehmen und das übrige Olivenöl unterrühren, mit Salz abschmecken und abkühlen lassen. Pistazien aus den Schalen lösen und mit einem großen Messer nicht zu fein hacken.

4 Die Fleischwürfel auf die Metallspieße stecken. In einer großen beschichteten Pfanne das Pflanzenöl erhitzen. Darin die Fleischspieße rundherum bei starker Hitze ca. 10 Min. braten. Fleischspieße mit Salz würzen.

5 Die Rindfleischspieße mit dem Kisir, dem Joghurt und dem restlichen Gewürzöl anrichten. Die gehackten Pistazien und das Sumak darüberstreuen.

DÖNER

KEBAB MIT KRAUT

DER DÖNER UNSERES VERTRAUENS: FLEISCH VOM GUTEN METZGER, SUPERFEIN GESCHNITTEN. DANN AB IN DIE PFANNE. WIR WISSEN, WAS DRIN IST. UND SCHÄTZEN, WIE'S SCHMECKT: EHRLICH. RICHTIG. GUT.

▼

FÜR 4 PERSONEN

FÜR DEN KEBAB

2 Zweige Thymian | 2 Knoblauchzehen
2 TL edelsüßes Paprikapulver
2 TL Harissa (Chiliwürzpaste) | 4 EL Olivenöl
3 Rinderhüftsteaks (je ca. 180 g) | Salz

FÜR DAS KRAUT

300 g Weißkohl | 250 g Rotkohl
1 EL Zucker | Salz
3 EL Weißweinessig | 1 EL Sonnenblumenöl
2 EL Mayonnaise (fertig gekauft oder selbst gemacht, S. 44)
Pfeffer

AUSSERDEM

2 rote Zwiebeln | 1 großes Fladenbrot
200 g griechischer Naturjoghurt
2 TL Pul Biber (scharfe Paprika-Chili-Gewürzmischung)

ZUBEREITUNGSZEIT: 1 STD. 20 MIN.
PRO PORTION: CA. 825 KCAL

1 Für den Kebab den Thymian abbrausen und trocken schütteln, Blättchen abstreifen und fein hacken. Knoblauch schälen und durch die Presse drücken. Beides mit Paprika, Harissa und 2 EL Olivenöl verrühren. Das Fleisch von den Sehnen befreien, quer zur Faser in möglichst dünne Streifen schneiden, gut mit der Gewürzpaste vermischen. Abgedeckt 1 Std. kalt stellen.

2 Inzwischen für das Kraut die Strünke und äußeren Blätter von den beiden Kohlsorten entfernen. Den Kohl in dünne Streifen hobeln und mit Zucker und ½ TL Salz in eine Schüssel geben. Mit den Händen 3 Min. kräftig durchkneten. Essig, Sonnenblumenöl und Mayonnaise untermischen. Das Kraut mit Salz und Pfeffer würzen.

3 Zwiebeln schälen und in dünne Ringe hobeln. Fladenbrot vierteln und waagrecht ein-, aber nicht durchschneiden. Brotviertel nacheinander auf einem Toaster rösten, in einem sauberen Geschirrtuch warm halten.

4 Das übrige Olivenöl in zwei großen beschichteten Pfannen erhitzen. Das Fleisch mit Küchenpapier trocken tupfen, auf die Pfannen verteilen und unter Rühren 6 Min. bei starker Hitze braten. Mit Salz würzen. Den Kebab mit Kraut, Zwiebeln und Joghurt in die Fladenbrotviertel füllen. Das Pul Biber darüberstreuen.

TIPP

Wer das Fleisch und den Salat nicht so gerne samt dem Brot isst, da dabei oft etwas herunterkleckert, richtet einfach alles auf Tellern an.
Auch sehr fein: noch ein paar Tomatenscheiben und Blattsalat in dünnen Streifen mit ins Brot füllen.

KNUSPRIGE BÖREK MIT FETA

MAN BRAUCHT NUR EIN HÄNDCHEN DAFÜR, SCHON SIND DIE RÖLLCHEN IN FORM! PERFEKT FÜRS VORSPEISENBÜFETT. IDEAL ALS ABENDESSEN. ODER ALS BELOHNUNG FÜR ZWISCHENDURCH. WER SAGT DENN, DASS NUR SCHOKOLADE TRÖSTET?

▼

FÜR 12 STÜCK

3 Stängel glatte Petersilie
2 Zweige Thymian
250 g Schafskäse (Feta)
½ TL Pul Biber (scharfe Paprika-Chili-Gewürzmischung)
350 g griechischer Naturjoghurt
Salz
12 dreieckige Blätter Yufka- oder Filoteig (aus dem Kühlregal, ca. 250 g)
1 Eigelb (Größe M)
1 TL Schwarzkümmelsamen
1 EL helle Sesamsamen
1 EL mildes Ajvar (Paprikamus)

AUSSERDEM

Backpapier

ZUBEREITUNGSZEIT: 20 MIN.
BACKZEIT: 18 MIN.
PRO STÜCK: CA. 170 KCAL

1 Die Kräuter abbrausen und trocken schütteln, die Blätter abzupfen und fein hacken. Den Schafskäse in einer Schüssel mit der Gabel fein zerdrücken. Mit den Kräutern, dem Pul Biber und 2 EL Joghurt verrühren. Mit Salz würzen. Den Backofen auf 220° vorheizen. Ein Backblech mit Backpapier auslegen.

2 Die Teigblätter nebeneinander auf der Arbeitsfläche so auslegen, dass die Spitzen nach oben zeigen, und dünn mit etwas Joghurt bestreichen. Je 1 EL Käsefüllung unten entlang der längsten Blattseite verteilen und die Ecken rechts und links über die Füllung schlagen. Von dort aus die Teigblätter eng aufrollen.

3 Die gefüllten Teigröllchen auf das Blech legen. Das Eigelb verquirlen und die Röllchen damit bestreichen. Mit Kümmel und Sesam bestreuen. Im Ofen (Mitte) in 15–18 Min. goldbraun und knusprig backen. Restlichen Joghurt mit Ajvar verrühren, zu den Börek servieren.

TIPP

Sollten Sie nur große ovale Yufka- oder Filoteigblätter bekommen, davon 6 Stück nehmen und diagonal halbieren, sodass in etwa Dreiecke entstehen. Diese Teigecken dann wie beschrieben füllen, aufrollen und backen.

LAMMFLEISCH-
LAHMACUN

DIE TÜRKISCHE ANTWORT AUF PIZZA. ORIENT PUR, MIT LAMM, KREUZKÜMMEL UND SUMACH. WECKT SELBST IN MANFRED DEN ALI BABA. UND IN KARIN DIE SCHEHERAZADE.

▼

FÜR 10 STÜCK

FÜR DEN TEIG

500 g Mehl (Type 550) | ½ Würfel Hefe (ca. 20 g)
1 TL Zucker | 2 EL Olivenöl

FÜR DEN BELAG

3 rote Zwiebeln | 1 Knoblauchzehe
4 Tomaten | ½ Bund glatte Petersilie
300 g Lammhackfleisch | 2 EL Olivenöl
4 EL Tomatenmark
2 TL Harissa (Chiliwürzpaste)
1 TL gemahlener Kreuzkümmel
1–3 TL Sumak (gemahlene, getrocknete Steinfrüchte des Sumach-Strauchs)
Salz

FÜR DEN SALAT

2 Mini-Römersalate
3 EL Zitronensaft | 4 EL Olivenöl
Salz | Pfeffer | 2 Stängel Dill

AUSSERDEM

Pizzastein (nach Belieben)
Mehl zum Arbeiten | Backpapier

ZUBEREITUNGSZEIT: 1 STD. 20 MIN.
BACKZEIT: 8 MIN. (PRO LAHMACUN)
PRO STÜCK: CA. 325 KCAL

1 Für den Teig Mehl in eine Schüssel geben. Hefe in 300 ml lauwarmes Wasser bröckeln und darin auflösen. Mit Zucker und Öl zum Mehl geben. Alles zu einem Teig verkneten. Zugedeckt an einem warmen Ort 1 Std. gehen lassen. Knapp 30 Min. vor dem Backen den Backofen auf 250° vorheizen, dabei das Backblech oder eventuell einen Pizzastein (unten) in den Ofen schieben.

2 Für den Belag die Zwiebeln schälen und 2 Zwiebeln in dünne Ringe hobeln, übrige Zwiebel fein würfeln. Knoblauch schälen, durchpressen. Tomaten waschen, Stielansätze herausschneiden. 2 Tomaten grob reiben, restliche Tomaten halbieren, entkernen, klein würfeln. Petersilie abbrausen, trocken schütteln, hacken. Hackfleisch mit Zwiebelwürfeln, Knoblauch, geriebenen Tomaten, der Hälfte der Petersilie, Öl, Tomatenmark, Harissa, Kreuzkümmel, 1 TL Sumak und Salz vermengen.

3 Für den Salat die Salatblätter ablösen, waschen, trocken tupfen und in dünne Streifen schneiden. Zitronensaft mit Öl verrühren, salzen, pfeffern. Dill abbrausen und trocken schütteln, Dillspitzen abzupfen und unter die Sauce mischen. Mit dem Römersalat vermischen.

4 Den Teig auf einer leicht bemehlten Arbeitsfläche nochmals durchkneten und in 10 Stücke teilen. Nacheinander die Teigstücke dünn ausrollen (ca. 25 cm Ø) und auf ein Stück Backpapier geben. Die Hackmasse darauf verteilen, dabei rundherum einen kleinen Rand frei lassen. Aufs heiße Blech oder eventuell den heißen Stein ziehen und ca. 8 Min. backen.

5 Fertige Lahmacun aus dem Ofen nehmen, mit etwas Salat, Zwiebelringen, Tomatenwürfeln belegen, mit übriger Petersilie und Sumak bestreuen. Servieren. Dann nach und nach die restlichen Lahmacuns zubereiten.

SCHAFSKÄSE-
SPINAT-PIDE

PIDE NENNT MAN IN DER TÜRKEI DAS FLADENBROT. ES KOMMT BEI JEDEM ESSEN AUF DEN TISCH. PUR ODER MIT LECKEREN TOPPINGS. DIESES HIER WIRD WIE EINE PIZZA MIT SPINAT BELEGT. UND MIT SAFTIGEM FETA. DANN AB IN DEN OFEN – UND KROSS GENIESSEN!

▼

FÜR 4 STÜCK

FÜR DEN TEIG

400 g Mehl (Type 550) | 1 TL Salz
⅛ l Milch | 1 TL Zucker
½ Würfel Hefe (ca. 20 g)
3 EL weiche Butter

FÜR DEN BELAG

500 g Blattspinat | 2 Zwiebeln
2 Knoblauchzehen | 2 EL Olivenöl
Salz | Pfeffer
½ TL Pul Biber (scharfe Paprika-Chili-Gewürzmischung)
150 g Schafskäse (Feta)
3 EL Rosinen | 3 EL Pinienkerne
1 Eigelb (Größe M)

AUSSERDEM

Mehl für die Arbeitsfläche
Backpapier

ZUBEREITUNGSZEIT: 1 STD. 20 MIN.
BACKZEIT: 40 MIN.
PRO STÜCK: CA. 620 KCAL

1 Für den Teig Mehl und Salz und in einer Schüssel mischen, in die Mitte eine Mulde drücken. Milch lauwarm erhitzen und Zucker unterrühren, Hefe in die Milch bröckeln und darin auflösen. Hefemilch in die Mulde gießen und abgedeckt an einem warmen Ort 10 Min. gehen lassen, bis sich kleine Blasen gebildet haben.

2 Dann ⅛ l lauwarmes Wasser und die Butter zum Mehl geben. Alles mit den Knethaken des Handrührgeräts zu einem glatten Teig verkneten. Abgedeckt an einem warmen Ort 45 Min. gehen lassen.

3 Inzwischen für den Belag Spinat waschen, trocken schleudern und dicke Stiele entfernen. Den Spinat grob hacken. Zwiebeln schälen und klein würfeln. Knoblauch schälen und durchpressen. Öl in einer großen Pfanne erhitzen. Zwiebeln und Knoblauch darin 2 Min. andünsten. Spinat dazugeben, abgedeckt zusammenfallen lassen, mit Salz, Pfeffer und Pul Biber würzen. Herausnehmen und in einem Sieb abtropfen und abkühlen lassen, ausdrücken und in eine Schüssel geben. Käse dazubröseln, Rosinen dazugeben, alles mischen.

4 Den Backofen auf 220° vorheizen. Teig auf einer leicht bemehlten Arbeitsfläche nochmals gut durchkneten und vierteln. Nacheinander die Teigviertel oval (ca. 25 cm lang) ausrollen und den Belag darauf verteilen, dabei rundherum einen 3 cm breiten Rand frei lassen. Teigränder über den Belag klappen und an den Enden spitz zusammendrücken, sodass eine Bootsform entsteht. Mit den Pinienkernen bestreuen.

5 Je zwei Pide zusammen auf einen Bogen Backpapier geben. Eigelb mit 1 EL Wasser verquirlen und den Teig damit bestreichen. Pide nacheinander im Ofen (unten) in ca. 20 Min. goldbraun backen.

INDISCHE SAMOSAS

SAMOSAS – DAS IST RESTEVERWERTUNG AUF DIE FEINE ART, WIE MAN SIE IN INDIEN UND PAKISTAN LIEBT. BLEIBT WAS VOM CURRY ODER REISGERICHT ÜBRIG – AB DAMIT ALS FÜLLUNG FÜR DIE TEIGTASCHEN. DANN WERDEN SIE FRITTIERT. UND ANSCHLIESSEND ALS SNACK SERVIERT. PERFEKT DAZU: CHUTNEYS UND DIPS.

▼

FÜR 24 STÜCK

600 g festkochende Kartoffeln
Salz
400 g junger Blattspinat
2 Knoblauchzehen
1 Zwiebel
1 EL Butterschmalz
¼ TL gemahlene Kurkuma
je 1 TL gemahlener Kreuzkümmel
und Koriander
Pfeffer
1 Eiweiß (Größe M)
8 Blätter Yufka- oder Filoteig (aus dem Kühlregal, 30 x 31 cm, ca.220 g)

AUSSERDEM

250–300 g Butterschmalz zum Frittieren

ZUBEREITUNGSZEIT: 1 STD.
PRO STÜCK: CA. 85 KCAL

1 Die Kartoffeln waschen und mit der Schale in reichlich kochendem Salzwasser in ca. 20 Min. weich garen. Dann abgießen, pellen und abkühlen lassen.

2 Inzwischen Spinat putzen, waschen und trocken schleudern. Knoblauch und Zwiebel schälen und fein würfeln. In einer großen Pfanne das Schmalz zerlassen. Knoblauch und Zwiebel darin andünsten. Kurkuma, Kreuzkümmel und Koriander dazugeben und kurz mitdünsten. Den Spinat untermischen und zusammenfallen, dann in einem Sieb abtropfen und abkühlen lassen.

3 Von den Kartoffeln 200 g würfeln, den Rest mit der Gabel zerdrücken. Den Spinat ausdrücken, grob hacken und mit den Kartoffeln vermischen. Die Füllung mit Salz und Pfeffer würzen. Eiweiß mit einer Gabel verquirlen.

4 Teigblätter nacheinander auseinanderfalten, mit Eiweiß bestreichen und so dritteln, dass die schmalen Kanten nach unten zeigen. Je 1 EL Füllung in die unteren rechten Ecke geben und die Teigstreifen so über die Füllung klappen, dass jeweils die beiden unteren Teigkanten genau aufeinanderliegen. Jetzt jedes Teigdreieck wenden und immer wieder einklappen, bis der gesamte Teigstreifen verbraucht ist.

5 Die Pfanne gut auswischen und darin so viel Frittierschmalz auf 180° erhitzen, dass sie zu einem Drittel gefüllt ist. Um zu prüfen, ob das Schmalz heiß genug ist, den Stiel eines Holzkochlöffels hineinhalten. Wenn sich an dem Stiel sofort kleine Bläschen bilden, ist die Temperatur zum Frittieren richtig. Samosas portionsweise in das heiße Schmalz geben und darin in 3–4 Min. goldbraun frittieren, dabei einmal wenden. Mit einer Schaumkelle herausnehmen und auf Küchenpapier abtropfen lassen. Die Samosas heiß servieren.

Sugar in the morning
Quality Porcelain · Dishwasher safe · Microwave safe
BUTLERS

SCHNELL, SÜSSE! – EBEN NOCH IN EILE, MIT GRUMMELNDEM MAGEN. UND SCHON WAS SÜSSES ZUM BEISSEN. ZIMTGERUCH IN DER NASE. EINMAL TIEF DURCHATMEN, BITTE! AH, DAS TUT GUT! SÜSSE TEILCHEN GEHEN IMMER. SCHNELL GEMACHT, FLUGS AUF DEM TELLER. DER TEIG DAFÜR MUSS GEHEN? MACHT DOCH NICHTS, DAS MACHT DER VON ALLEIN!

CALVADOS-
APFELTASCHEN

SCHÖN, WENN MAN ZU HAUSE KONDITOR SPIELEN KANN. UND DABEI GEBÄCK ZAUBERT, DAS JEDER PATISSERIE EHRE MACHT: BUTTRIG ZART, MIT FRUCHTIGER FÜLLUNG. FÜR DIE FRANZÖSISCHEN MOMENTE IM LEBEN.

▼

FÜR 4 STÜCK

4 säuerliche Äpfel
½ Bio-Zitrone
120 g Puderzucker
1 Pck. Vanillezucker
⅛ l Cidre (ersatzweise Weißwein oder Apfelsaft)
½ TL Zimtpulver
5 Platten TK-Blätterteig (je ca. 50 g)
1 Eigelb (Größe M)
1 EL Calvados (ersatzweise Zitronensaft)

AUSSERDEM

Mehl zum Arbeiten
Backpapier

ZUBEREITUNGSZEIT: 1 STD.
BACKZEIT: 20 MIN.
PRO STÜCK: CA. 450 KCAL

1 Die Äpfel schälen, vierteln, entkernen und 1 ½ cm groß würfeln. Zitrone heiß waschen und abtrocknen, die Schale fein abreiben und 1 EL Saft auspressen.

2 In einem Topf 40 g Puderzucker bei mittlerer Hitze karamellisieren. Äpfel, Zitronenschale, Vanillezucker, Cidre und Zimt dazugeben, aufkochen. Alles offen bei mittlerer Hitze 20 Min. kochen, bis die Äpfel weich sind und die Flüssigkeit verdampft ist. Dabei gelegentlich umrühren. Das Apfelkompott auf einen großen Teller streichen und abkühlen lassen.

3 Inzwischen die Blätterteigplatten nebeneinander auf eine leicht mit Mehl bestäubte Arbeitsfläche legen und in ca. 15 Min. auftauen lassen. Den Backofen auf 220° vorheizen. Ein Backblech mit Backpapier auslegen.

4 Von dem Blätterteig 4 Platten mit wenig Wasser bepinseln und aufeinanderlegen, die letzte Teigplatte darauflegen. Teig auf der bemehlten Arbeitsfläche 3 mm dick ausrollen und 4 Kreise (12 cm Ø) ausstechen. Jeden Teigkreis oval und noch etwas dünner ausrollen.

5 Das Eigelb mit 1 EL Wasser verquirlen und die Teigränder damit einpinseln. Auf die eine Hälfte jedes Teigovals ein Viertel des Apfelkompotts geben. Die freien Teighälften in der Mitte dreimal einschneiden und über das Kompott klappen. Die Ränder mit einer Gabel zusammendrücken. Die Taschen auf das Blech legen, mit dem übrigen Eigelb bestreichen und im Ofen (2. Schiene von unten) in ca. 20 Min. goldbraun backen. Herausnehmen und kurz abkühlen lassen.

6 Den restlichen Puderzucker mit Calvados, Zitronensaft und 1–2 EL Wasser zu einem Guss verrühren. Die Apfeltaschen damit bestreichen.

OFENWARME ZIMTSCHNECKEN

ACHTUNG! DIE ZIMTSCHNECKEN VERSCHWINDEN AUF WUNDERSAME WEISE VON DER KAFFEETAFEL. SO SCHNELL KANN MAN GAR NICHT GUCKEN! ALSO UNBEDINGT EIN PAAR VON DEN DINGERN RETTEN, BEVOR DIE GÄSTE KOMMEN!

▼

FÜR 12 STÜCK

FÜR DEN TEIG

500 g Mehl (Type 550)
¼ l Milch
60 g Rohrohrzucker
½ Würfel Hefe (ca. 20 g)
1 Eigelb (Größe M)
80 g weiche Butter
1 Prise Salz

FÜR DIE FÜLLUNG

100 g Walnusskerne
80 g Butter
100 g Rohrohrzucker
2 TL Zimtpulver

AUSSERDEM

12er-Muffinblech
12 Muffin-Papierförmchen
Mehl zum Arbeiten

ZUBEREITUNGSZEIT: 30 MIN.
RUHEZEIT: 55 MIN.
BACKZEIT: 15 MIN.
PRO STÜCK: CA. 365 KCAL

1 Für den Teig das Mehl in eine Schüssel geben und in die Mitte eine Mulde drücken. Milch lauwarm erhitzen und 2 TL Rohrzucker unterrühren, die Hefe in die Milch bröckeln und darin auflösen. Hefemilch in die Mulde gießen und abgedeckt an einem warmen Ort ca. 10 Min. gehen lassen, bis sich kleine Blasen gebildet haben.

2 Dann restlichen Zucker, Eigelb, Butter und Salz in die Schüssel geben. Alles erst mit den Knethaken des elektrischen Handrührgeräts, dann mit den Händen zu einem glatten Teig verkneten. Abgedeckt an einem warmen Ort 45 Min. gehen lassen.

3 Knapp 15 Min. vor Ende der Gehzeit den Backofen auf 200° vorheizen. Die Mulden des Muffinblechs mit den Papierförmchen auslegen. Für die Füllung die Walnusskerne grob hacken. Die Butter zerlassen, den Rohrzucker mit dem Zimt mischen.

4 Den Teig nochmals gut durchkneten und auf einer leicht bemehlten Arbeitsfläche dünn zu einem Rechteck (30 x 40 cm) ausrollen. Mit der zerlassenen Butter bestreichen. Die gehackten Walnüsse und den Zimtzucker gleichmäßig darauf verteilen. Das Teigrechteck von einer Längsseite her eng aufrollen.

5 Teigrolle in zwölf gleich dicke Scheiben schneiden und diese vorsichtig in die Papierförmchen setzen. Die Zimtschnecken im Ofen (Mitte) in ca. 15 Min. goldbraun backen. Aus dem Ofen nehmen und in der Form kurz abkühlen lassen, dann herauslösen.

LUFTIGE HEFE-
DONUTS

MANCHES IST DES GUTEN ZU VIEL. DAS HIER NICHT: FLUFFIGER HEFETEIG, ZU KRINGELN GEFORMT. GOLDGELB AUSGEBACKEN UND DANN IN GLASUR GETAUCHT. UND NOCH EIN TOPPING OBENDRAUF. WER SAGT DENN, DASS BESCHEIDENHEIT EINE ZIER IST?

▼

FÜR 10 STÜCK

FÜR DEN TEIG

375 g Mehl | 1 TL Salz
150 ml Milch
2 Pck. Vanillezucker
½ Würfel Hefe (ca. 20 g)
2 EL Zucker
50 g weiche Butter
1 Ei (Größe M)
1 Eigelb (Größe M)

FÜR DIE GARNITUR

3–4 EL Heidelbeersaft
150 g Puderzucker
Zucker- oder Schokoladenstreusel zum Bestreuen

AUSSERDEM

Mehl zum Arbeiten
Ringausstecher (9 cm und 4 ½ cm Ø)
1 l neutrales Pflanzenöl zum Frittieren

ZUBEREITUNGSZEIT: 1 STD.
RUHEZEIT: 2 STD.
PRO STÜCK: CA. 320 KCAL

1 Für den Teig das Mehl und Salz in einer Schüssel mischen, in die Mitte eine Mulde drücken. Milch lauwarm erhitzen und 1 Pck. Vanillezucker unterrühren, Hefe in die Milch bröckeln und darin auflösen. Hefemilch in die Mulde gießen und abgedeckt an einem warmen Ort ca. 10 Min. gehen lassen, bis sich kleine Blasen gebildet haben.

2 Dann übrigen Vanillezucker, Zucker, Butter, Ei und Eigelb in die Schüssel geben. Alles mit den Knethaken des elektrischen Handrührgeräts zu einem glatten Teig verkneten. Abgedeckt 1 Std. gehen lassen.

3 Den Teig nochmals gut durchkneten und auf einer leicht bemehlten Arbeitsfläche ca. 1 cm dick ausrollen. Aus der Teigplatte mit dem großen Ausstecher (9 cm Ø) Kreise ausstechen. Aus der Mitte der Teigkreise mit dem kleinen Ausstecher (4 ½ cm Ø) ein Loch ausstechen. Die Teigringe abgedeckt 1 Std. gehen lassen.

4 In einem weiten, hohen Topf das Frittieröl auf 180° erhitzen. Um zu prüfen, ob das Öl heiß genug ist, den Stiel eines Holzkochlöffels hineinhalten. Wenn sich an dem Stiel sofort kleine Bläschen bilden, ist die Temperatur zum Frittieren richtig.

5 Die Teigringe portionsweise in das heiße Öl gleiten lassen und auf jeder Seite in ca. 2 Min. goldbraun frittieren. Mit einer Schaumkelle herausnehmen und auf Küchenpapier abtropfen lassen.

6 Für die Garnitur nach und nach den Heidelbeersaft unter den Puderzucker rühren, bis ein zäher Guss entsteht. Donuts mit der Oberseite in den Guss tauchen, herausnehmen und kurz abtropfen lassen. Zum Schluss noch mit den Streuseln garnieren.

BLUEBERRY-
CHEESECAKE

ES GIBT SO MOMENTE, DA WÄRE KALORIENZÄHLEN SÜNDE. GENAU FÜR DIE IST DIESER CHEESECAKE GEMACHT!

▼

FÜR 1 SPRINGFORM
(26 CM Ø, 12 STÜCKE)

FÜR DEN KUCHEN

150 g Butterkekse
90 g Butter
2 Prisen Salz
360 g weiße (Bio-)Schokolade
½ Bio-Zitrone
500 g Crème fraîche
500 g Doppelrahm-Frischkäse
2 Pck. Bourbon-Vanillezucker
60 g Zucker
3 EL Vanillepuddingpulver
2 Eier (Größe M)

FÜR DIE BEEREN

2 TL Speisestärke
150 g TK-Heidelbeeren
3 EL Zitronensaft
40 g Zucker

AUSSERDEM

Backpapier

ZUBEREITUNGSZEIT: 25 MIN.
BACKZEIT: 50 MIN.
KÜHLZEIT: 4 STD.
PRO STÜCK: CA. 615 KCAL

1 Den Boden einer Springform mit Backpapier auslegen. Für den Kuchen die Kekse in eine Schüssel geben und mit einem Stößel fein zerbröseln. Die Butter zerlassen und mit dem Salz unter die Keksbrösel mischen. Die Keks-Butter-Mischung gleichmäßig auf dem Boden der Form verteilen und andrücken. Kalt stellen.

2 Schokolade möglichst fein hacken und über einem heißen Wasserbad sanft schmelzen. Die Zitrone heiß waschen und abtrocknen, die Schale fein abreiben. Den Backofen auf 150° vorheizen.

3 Die Crème fraîche mit dem Frischkäse, Vanillezucker, Zucker, Puddingpulver, Eiern und der Zitronenschale glatt verrühren. Die Schokolade zügig unterrühren. Die Masse auf den Keksboden geben und glatt streichen. Im Ofen (2. Schiene von unten) ca. 50 Min. backen. Der Kuchen ist fertig, wenn die Käsemasse in der Mitte noch etwas wackelt, wenn man an der Form rüttelt.

4 Den Backofen ausschalten und den Kuchen im Ofen bei leicht geöffneter Ofentüre 15 Min. abkühlen lassen. Dann die Form herausnehmen und auf ein Kuchengitter stellen. Mit einem dünnen Messer am Formrand entlangfahren, um den Kuchen zu lösen. Den Cheesecake in der Form in 2 Std. auf Zimmertemperatur abkühlen lassen. Anschließend aus der Form lösen und im Kühlschrank mind. 2 Std. durchkühlen lassen.

5 Für die Beeren die Stärke mit 1 EL kaltem Wasser verrühren. Tiefgekühlte Heidelbeeren mit Zitronensaft und Zucker in einem Topf aufkochen. Die Stärke einrühren und die Beeren 1 Min. kochen. In eine Schüssel umfüllen und auskühlen lassen. Beeren vor dem Servieren auf dem Kuchen verteilen.

SAFTIG-SÜSSES

BANANA BREAD

DAS IST MAL EIN RICHTIGES »HEUTE-VERWÖHN-ICH-MICH-REZEPT«. EINES, DAS RUNTER GEHT WIE EIN KOMPLIMENT: SANFT, SÜSS UND SCHMEICHELZART. HEY – ICH WILL MEHR DAVON!

▼

FÜR 1 KASTENFORM (20 CM LÄNGE, 12 STÜCKE)

150 g Zartbitterschokolade
100 g Walnusskerne
100 g gemahlene Haselnüsse
200 g Mehl
½ TL Natron
1 ½ TL Zimtpulver
2 Prisen Salz
4 vollreife Bananen (geschält ca. 400 g)
1 Vanilleschote
100 g Rohrohrzucker
2 Eier (Größe M)
100 g Crème fraîche
75 ml Sonnenblumenöl

AUSSERDEM

Butter und Mehl für die Form

ZUBEREITUNGSZEIT: 20 MIN.
BACKZEIT: 1 STD.
PRO STÜCK: CA. 395 KCAL

1 Den Backofen auf 180° vorheizen. Die Kastenform mit gut Butter einfetten und mit Mehl ausstreuen. Die Schokolade und die Walnusskerne grob hacken. Mit den Haselnüssen, dem Mehl, dem Natron, dem Zimt und Salz vermischen. Die Bananen schälen und mit einer Gabel möglichst fein zerdrücken.

2 Die Vanilleschote längs aufschlitzen und das Mark mit dem Messerrücken herauskratzen. Das Vanillemark mit dem Rohrzucker, den Eiern und Crème fraîche mit einem Schneebesen kräftig verquirlen. Das Sonnenblumenöl und die Bananen unterrühren.

3 Die Eier-Bananen-Masse zur Mehlmischung geben und nur so lange unterrühren, bis die Zutaten gerade eben miteinander vermengt sind. Den Teig in die Form füllen und gleichmäßig glatt streichen. Im heißen Ofen (2. Schiene von unten) ca. 1 Std. backen.

4 Den Kuchen aus dem Ofen nehmen und 15 Min. in der Form abkühlen lassen. Dann mit einem Messer vorsichtig vom Formrand lösen, aus der Form stürzen, auf einem Kuchengitter kurz abkühlen oder ganz auskühlen lassen. Banana Bread lauwarm oder kalt servieren.

TIPP

Oft gibt es Bananen fast noch grün und mit sehr festem Fleisch zu kaufen. Solche Früchte müssen erst noch nachreifen, bevor sie für das Brot verwendet werden können. Wenn es aber »braune« Bananen im Angebot hat, zugreifen! Und am besten gleich fünf Stück kaufen und davon eine Banane für den Power-Smoothie (S. 152) verwenden.

POWER-SMOOTHIE

▼

FÜR 2 GLÄSER (JE 350 ML)

80 g Baby-Blattspinat (ersatzweise Feldsalat)
5 Stängel Petersilie
1 vollreife Banane
½ vollreife Avocado
Saft von ½ Zitrone
1 EL Chia-Samen (aus dem Bio-Supermarkt)
1 EL Mandelmus
200–250 ml gekühltes stilles Mineralwasser
(auch fein: Kokoswasser)

ZUBEREITUNGSZEIT: 10 MIN.
PRO GLAS: CA. 270 KCAL

1 Den Blattspinat waschen und trocken schleudern. Die Petersilie abbrausen und trocken schütteln, Blätter abzupfen. Die Petersilie und den Spinat klein schneiden (je nach Mixer auch ganz lassen).

2 Die Banane schälen und in grobe Stücke schneiden. Die Avocado bei Bedarf vom Kern befreien. Das Fruchtfleisch mit einem Löffel aus der Schale heben und ebenfalls in grobe Stücke schneiden.

3 Alle vorbereiteten Zutaten mit dem Zitronensaft, den Chia-Samen und dem Mandelmus in einen Standmixer geben und fein pürieren. Dabei nach Geschmack so viel Wasser dazugießen, dass die Konsistenz des Smoothies angenehm ist. Den Power-Smoothie in Gläser füllen.

TIPP

Die perfekte Gelegenheit, braun gewordene Bananen zu verarbeiten: Sie geben diesem Smoothie eine besonders aromatische Süße.

MOCCA-EISKAFFEE

▼

FÜR 2 GLÄSER (JE 300 ML)

150 g Zucker
200 ml frisch gebrühter Espresso
50 g Sahne
2 TL Bourbon-Vanillezucker
200 ml kalte Milch
200 g Crushed Ice

ZUBEREITUNGSZEIT: 15 MIN.
KÜHLZEIT: 30 MIN.
PRO GLAS: CA. 465 KCAL

1 Einen weiten Topf erhitzen. Darin 100 g Zucker gleichmäßig verteilen und bei mittlerer Hitze goldbraun karamellisieren. 200 ml Wasser dazugießen (Vorsicht, es zischt stark!) und 5–10 Min. kochen, bis sich der Zucker wieder gelöst hat und die Flüssigkeit sirupartig eingekocht ist. Umfüllen und auskühlen lassen, wobei der Sirup noch dickflüssiger wird.

2 Die Gläser kalt stellen. Espresso mit übrigem Zucker verrühren und auf Zimmertemperatur abkühlen lassen. Sahne mit Vanillezucker steif schlagen, kalt stellen.

3 Die Milch mit dem Espresso und dem Crushed Ice in einen Standmixer geben und fein pürieren. Den Eiskaffee in die Gläser füllen und je 1 Klecks Sahne daraufgeben. Den Karamellsirup darüberlaufen lassen.

TIPP

Falls vom Sirup etwas übrig bleiben sollte, verwenden Sie ihn für Desserts, andere Getränke oder zu Kuchen.

HOMEMADE LEMONADE

SHAKE IT, BABY! WENN'S HEISS IST UND DIE KLEIDER AM KÖRPER KLEBEN, WILL MAN NICHTS PAPPSÜSSES TRINKEN. SONDERN ETWAS, DAS KÜHLT. MIT EINER PRISE PEP UND ERFRISCHENDER SÄURE. SUPER, WENN DER INGWERSIRUP DANN FERTIG IM KÜHLSCHRANK STEHT: MAN BRAUCHT IHN NUR NOCH AUFZUFÜLLEN.

▼

FÜR CA. 275 ML

FÜR DEN SIRUP

120 g Zucker
1 Stück Ingwer (ca. 20 g)
7–8 große, saftige Limetten (davon 1 Bio-Limette)

ZUM SERVIEREN

Limettenscheiben, Eiswürfel und Sprudelwasser

ZUBEREITUNGSZEIT: 20 MIN.
KÜHLZEIT: 1 STD.
PRO 100 ML: CA. 190 KCAL

1 Für den Ingwer-Limetten-Sirup Zucker mit 120 ml Wasser in einen Topf geben, aufkochen und bei starker Hitze ca. 2 Min. kochen.

2 Inzwischen den Ingwer schälen und möglichst fein reiben. Die Bio-Limette heiß waschen und abtrocknen, die Schale fein abreiben. Alle Limetten auspressen, es soll 200 ml Saft entstehen.

3 Ingwer, Limettensaft und -schale zum Zuckersirup in den Topf geben. Alles erneut aufkochen und 3 Min. kochen. Dann den Topf vom Herd nehmen und den Sirup noch 10 Min. ziehen lassen.

4 Den Sirup durch ein feines Sieb gießen und in eine gründlich gesäuberte Twist-off-Flasche oder ein Einmachglas füllen, gut verschließen. Auskühlen und im Kühlschrank in 1 Std. gut durchkühlen lassen.

5 Zum Servieren pro Person 2–3 EL Sirup mit ein paar Limettenscheiben und Eiswürfeln in ein Glas füllen und mit Sprudelwasser aufgießen.

TIPP

Rund ums Jahr einsatzbereit: Im Sommer ist der Sirup Basis für eiskalten Limo-Spaß, im Winter verfeinert er auch heiße Getränke wie z. B. Tee.

REGISTER

IMPRESSUM

Die Autorin
Pia Westermann lebt und arbeitet als Foodstylistin und Rezeptautorin in Hamburg. Sie ist gelernte Köchin und verwendet am liebsten regionale Zutaten beim Kochen – auch und gerade wenn Fastfood auf dem Plan steht. In ihrer Freizeit werkelt sie darum besonders gern auf einem kleinen Acker in den Vierlanden und erntet dort ihr eigenes Gemüse: Das macht *Fastfood at Home* noch leckerer! Bedanken möchte sie sich an dieser Stelle bei allen Teilnehmern ihres Yogakurses, die abends nach den Shootings ihren Frittierfettgeruch still ertragen haben ...

Der Fotograf
Thorsten Suedfels lebt und arbeitet als freier Fotograf in Hamburg und fotografiert vor allem Food und Stills für Magazine, Verlage und Agenturen. Als Familienvater, der sehr gerne am Herd steht, hat er viele der Fastfood-Rezepte mit großer Begeisterung selbst ausprobiert. Bedanken möchte er sich bei allen, die ihn bei der Realisierung dieses Projekts offen empfangen und unterstützt haben.

Dankeschön!
Ein herzliches Dankeschön an folgende Hamburger Fast- und Lecker-Food-Institutionen, in denen und um die herum die wunderbaren Stimmungsbilder in diesem Buch fotografiert werden durften:
Floppi-Imbiss (facebook.com/Floppiimbiss),
Goldburger (www.goldburger.net & facebook.com/goldburger),
Jim Burrito's (facebook.com/pages/Jim-Burritos/119417638119748),
Lütt'n Grill (luettn-grill.de),
Mikkels (www.mikkels.de),
Mr. Kebab (facebook.com/pages/MrKebab/104434906319735),
Slim Jim's (facebook.com/Slim.Jims.Pizza).

Bildnachweis:
Alle Fotos: Thorsten Suedfels;
Umschlagillustrationen:
Marta Olesniewicz

Konzept und Projektleitung:
Alessandra Redies
Redaktionelle Mitarbeit:
Katja Mutschelknaus
Lektorat, Satz/DTP, Gestaltung:
Redaktionsbüro Christina Kempe, München
Korrektorat: Waltraud Schmidt
Umschlag, Innengestaltung und Typographie: independent Medien-Design, Horst Moser, München
Herstellung: Petra Roth
Repro: Longo AG, Bozen
Druck und Bindung: Firmengruppe APPL, aprinta druck, Wemding
Syndication:
www.jalag-syndication.de

ISBN 978-3-8338-4038-8
2. Auflage 2014

Umwelthinweis:
Dieses Buch ist auf PEFC-zertifiziertem Papier aus nachhaltiger Waldwirtschaft gedruckt.

Backofenhinweis
Die Backzeiten können je nach Herd variieren. Die Temperaturangaben beziehen sich auf das Backen im Elektroherd mit Ober- und Unterhitze und können bei Gasherden oder Backen mit Umluft abweichen. Details entnehmen Sie bitte Ihrer Gebrauchsanweisung.

QUALITÄTS G|U GARANTIE

Liebe Leserin, lieber Leser,

haben wir Ihre Erwartungen erfüllt? Sind Sie mit diesem Buch zufrieden? Haben Sie weitere Fragen zu diesem Thema? Wir freuen uns auf Ihre Rückmeldung, auf Lob, Kritik und Anregungen, damit wir für Sie immer besser werden können.

GRÄFE UND UNZER Verlag
Leserservice
Postfach 86 03 13
81630 München
E-Mail:
leserservice@graefe-und-unzer.de

Telefon: 00800 / 72 37 33 33*
Telefax: 00800 / 50 12 05 44*
Mo–Do: 8.00–18.00 Uhr
Fr: 8.00–16.00 Uhr
(gebührenfrei in D, A, CH)*

Ihr GRÄFE UND UNZER Verlag
Der erste Ratgeberverlag – seit 1722.

www.facebook.com/gu.verlag

GRÄFE UND UNZER

Ein Unternehmen der
GANSKE VERLAGSGRUPPE